ワンコイン問題集シリーズ

小5 国語 問題集

日栄社

刊行にあたって

「バブル崩壊」という経済的な事件が、日本で一九九〇年近辺に起こりました。一九四五年に第二次世界大戦に敗戦した日本は、戦後の復興から、約半世紀にわたる経済成長をとげましたが、「バブル崩壊」は「高度経済成長」から続いていた日本の右肩上がりの時代の終わりを告げるものでした。

それ以降、日本では「失われた三十年」とも言われる沈滞の時代が続いています。

「一億総中流」と呼ばれ、がんばれば誰もが豊かになれると信じられた社会から、貧困率が上昇し続ける「格差社会」へと、日本の社会は姿を変えつつあります。子どもたちの生活においても、「７人に１人」が貧困であると言われています。

貧困は子どもたちから教育の機会を奪います。子どもが成長して親になったときに、教育の不足ゆえに低い収入で働き続けることを受け入れざるを得なかったとすれば、その次の世代の子どもも、また貧困に苦しみ、十分な教育から遠ざけられかねません。これは「貧困の連鎖」「格差の連鎖」と呼ばれています。

また、教育の不足で十分な収入が得られないために、不本意ながら結婚や出産をあきらめる人たちもいることでしょう。青壮年の貧困は「少子化」の大きな原因のひとつともなっています。

こういった悪循環は、日本の現在の大人である私たちが作りだしたものであり、子どもたちには何の責任もありません。この悪循環を止めるにはいろいろな方法があろうかと思いますが、「高齢化」が進行し、福祉にますます財源が必要になる中でも、貧しさが原因で子どもが学びをあきらめるような社会をつくってはならないと、私たちは考えています。

『ワンコイン参考書・問題集（税別５００円）／ツーコイン電子参考書・電子問題集（税別２００円）』は、未来を担う日本の子どもたちが安くても良質な参考書・問題集を手に取れるようにとの思いで刊行しました。この理念に賛同してくれた著者の先生や、制作会社、印刷会社の人たちのおかげで、このシリーズを刊行することができました。

子どもたちよ、どうか「学びを、あきらめない」でください。このシリーズが子どもたちの役に立つことを祈っています。

二〇二二年一〇月二七日　日栄社編集部

もくじ

小5国語問題集

第1章 国語の基礎《き》礎《そ》

1 かなづかい

解答 220ページ

1 次の①～⑤のア～エの中から、かなづかいのまちがっているものを選びましょう。

①**ア** ほうそう（放送）
イ こおり（氷）
ウ おうさま（王様）
エ おうきい（大きい）

②**ア** あずける（預ける）
イ ちからずよい（力強い）
ウ つづく（続く）
エ すこしずつ（少しずつ）

③
ア いちじるしい（著しい）
イ みぢかい（短い）
ウ じかん（時間）
エ そこぢから（底力）

④
ア ゆうしょく（夕食）
イ ゆう（結う）
ウ ゆう（言う）
エ しんゆう（親友）

⑤
ア そうだん（相談）
イ おおどおり（大通り）
ウ ろうか（廊下）
エ いもおと（妹）

①	②	③	④	⑤

2 次の①〜㉖のことばが意味を持つように、それぞれの〔　〕の中に「じ・ぢ・ず・づ」のどれかを書き入れましょう。

①心〔　〕くし　②ほお〔　〕え

③言い〔　〕らい　④たび〔　〕

⑤ご〔　〕っ歩百歩　⑥気〔　〕かれ

⑦ね〔　〕る　⑧かん〔　〕め

⑨ひげ〔　〕ら　⑩つね〔　〕ね

⑪あ〔　〕わう　⑫か〔　〕る

⑬いれ〔　〕え　⑭うら〔　〕け

⑮みか〔　〕き　⑯ちか〔　〕か

⑰ちか〔　〕く　⑱かた〔　〕をのむ

⑲ち〔　〕む　⑳つ〔　〕る

㉑し〔　〕まる　㉒ち〔　〕れる

㉓あい〔　〕ち　㉔〔　〕しゃく

㉕め〔　〕らしい　㉖さ〔　〕ける

2 おくりがな

解答 220ページ

1 次の各組のアとイで、おくりがなの正しいものはどちらですか。記号に丸をつけましょう。

① ア 明い　イ 明るい

② ア 必ず　イ 必らず

③ ア 最も　イ 最とも

④ ア 自ら　イ 自から

⑤ ア 整る　イ 整える

⑥ ア 少い　イ 少ない

⑦ ア 晴る　イ 晴れる

⑧ ア 勢い　イ 勢おい

⑨ ア 燃る　イ 燃える

⑩ ア 再び　イ 再たび

⑪ ア 消る　イ 消える

⑫ ア 走る　イ 走しる

⑬ ア 示す　イ 示めす

⑭ ア 果る　イ 果てる

⑮ ア 導く　イ 導びく

⑯ ア 移る　イ 移つる

⑰ ア 営む　イ 営なむ

⑱ ア 教る　イ 教える

⑲ ア 逆らう　イ 逆う

⑳ ア 災わい　イ 災い

㉑ ア 退ぞく　イ 退く

㉒ ア 失う　イ 失なう

㉓ ア 潔よい　イ 潔い

㉔ ア 豊たか　イ 豊か

㉕ ア 半ば　イ 半かば

㉖ ア 作くる　イ 作る

㉗ ア 返えす　イ 返す

㉘ ア 強よい　イ 強い

㉙ ア 近かい　イ 近い

㉚ ア 加える イ 加る

㉛ ア 喜こぶ イ 喜ぶ

㉜ ア 負ける イ 負る

㉝ ア 費やす イ 費す

㉞ ア 味わう イ 味う

㉟ ア 弱わい イ 弱い

㊱ ア 細い イ 細そい

㊲ ア 悪るい イ 悪い

㊳ ア 悲しい イ 悲い

㊴ ア 親たしい イ 親しい

㊵ ア 改める イ 改る

㊶ ア 分ける イ 分る

㊷ ア 調える イ 調る

㊸ ア 交じわる イ 交わる

㊹ ア 老いる イ 老る

㊺ ア 幸わせ イ 幸せ

㊻　ア　率いる　　イ　率きいる
㊼　ア　帯る　　イ　帯びる
㊽　ア　確かめる　　イ　確める
㊾　ア　志ざす　　イ　志す

3　主語と述語《じゅつご》

解答　221ページ

1　次の各文の主語を丸で囲《かこ》み、述語《じゅつご》を四角で囲みましょう。

①　白い　雪を　かぶった　山の　峰《みね》が　むこうに　美しく　かがやく。

②　わたしたちの　身の　まわりには　わたしたちの　興味《きょうみ》を　引く　出来事が　たくさん　あります。

③　火口から　吹《ふ》き上がる　けむりが　風に　ながされる。

④　ほんとうに　世の中に　あるだろうか、そんな　話が。

参考

主語・述語

「何が（は）」に当たるのが「主語」、「どうする／どんなだ／なんだ」に当たるのが「述語」です。主語・述語が問われたときは、まず述語を確定《かくてい》してから、対応する主語を探《さが》しましょう。

⑤わたし　絶対《ぜったい》に　信じるの、この話。

2 次の各文の――線部の、主語に対しては述語を、述語に対しては主語をそれぞれ書き出しましょう。

①君の　顔は　遠くから　見ると　ハンサムだね。

②頂上《ちょうじょう》近くの　小道は　たいへん　険《けわ》しい。

③白い　波を　たてながら　進む、大きな　船が。

④小さな　あやまちは　だれだって　あるだろう。

⑤遠くで　犬が　ほえて　いるが、君は　聞こえるかい。

①	②
③	④
⑤	

4 修飾語《しゅうしょく》

解答 221ページ

1 次の各文の――線部は、どの文節を修飾《しゅうしょく》していますか。

①うまく／セミを／とった／喜《よろこ》びを／文章に／書く。

②けさ／大きな／あさがおが／五つも／咲《さ》いた。

③文鳥は／急に／はばたきを／はじめた。

④久《ひさ》しぶりに／友だちから／手紙が／きた。

⑤新聞には、／ニュースを／いちはやく／伝える／役目が／ある。

①	②
③	④
⑤	

2 次の各文の――線部は、どの文節を修飾していますか。

①鳥が／高い／空を／すいすいと／飛ぶ。

参考

修飾語

あとに続くことばの意味や様子をくわしく説明していることばを「修飾語」、説明されていることばを「被《ひ》修飾語」と言います。

②わたしは／今でも／そのころの／楽しかった／ことを／思い出す。

③石けんで／作られた／人形に、／やがて／くりくりした／眼《め》が／つけられた。

④むすめは／やさしく／ほほえんで／ことばを／続けました。

⑤昨日／ダリアの／花が／はじめて／咲《さ》いた。

⑥川は／うねうねと／のびて／白く／光っている。

⑦パンダが／ごろりと／大きな／体を／横たえた。

①	②
③	④
⑤	⑥
⑦	

5 文型《ぶんけい》

解答 222ページ

1 次の各文の文型《ぶんけい》は、ア「何がどうする」、イ「何がどんなだ」、ウ「何がなんだ」のどれにあたりますか。

①校庭の芝生《しばふ》の緑がいちだんときれいです。

②おとといね、それはそれはかわいい女の子が産まれたのよ。

③このあたりでは、夕方、どこからかお寺の鐘《かね》の音がきこえる。

④私《わたし》の育ったところは、たいへんな田舎《いなか》です。

⑤駅前にある背《せ》の高い建物は市役所ですか。

⑥白い粉雪《こなゆき》が、まるで砂糖《さとう》のように降《ふ》っていた。

⑦あすはなんといっても大切な試験の日です。

⑧外では、はげしい風ばかりか、雪さえもまじってきた。

⑨この中ではいちばん新しい形式のものがぼくのだ。

⑩子どもたちが遊んでいるのを見ているのは楽しい。

⑪君たちのめざましい働きのおかげで仕事が早く終わった。

⑫新しく買ってもらった洋服を着て、私は映画《えいが》を見にいった。

参考

文型の識別《しきべつ》

（1）文の中心となる述《じゅつ》語《ご》を確定《かくてい》し、（2）その述語に対応《たいおう》する主語を見つけ、（3）主語・述語の関係を考えましょう。品詞《ひんし》分類がわかっていれば、述語を見ただけで、動詞であれば「何がどうする」型、形容《けいよう》詞や形容動詞であれば「何がどんなだ」型、名詞（＋助動《じょどう》詞・助詞）であれば「何がなんだ」型だと識別できます。

①	④	⑦	⑩
②	⑤	⑧	⑪
③	⑥	⑨	⑫

2 次の各文の文型は、ア「何がどうする」、イ「何がどんなだ」、ウ「何がなんだ」のどれにあたりますか。

①けさ、かわいらしい男の子が産まれました。

②この学校の志願《しがん》者が増《ふ》えているのは、たいへん喜《よろこ》ばしい。

③丘《おか》の向こうに見えるのが私《わたし》たちの学校だ。

④適度《てきど》な運動や散歩は老人の身体にもとてもよい。
⑤わたしは電車を利用して学校に通っています。
⑥冷たい雨がしずかに降《ふ》り注いでいる。
⑦ことし、中学校に合格《ごうかく》するのが私の夢《ゆめ》です。
⑧私の兄は自分のことを秀才《しゅうさい》だと思いこんでいる。

①	②
③	④
⑤	⑥
⑦	⑧

6 品詞《ひんし》の基礎《きそ》

解答 222ページ

1 次の各文の――線部は、動詞《どうし》・形容《けいよう》詞・形容動詞のどれですか。動詞には○、形容詞には△、形容動詞には×を線の右側に書きましょう。

①子りすは、あぶない目にあいながら、ようやくたどりついた。

②まるくて、きれいな大きい月が、東の空に出た。

③いつもじょうぶな体で、元気に活動している。

④非常《ひじょう》に速く、みごとに飛ぶのは、やはりジェット機だ。

⑤この冬になって、急に体が弱って、思うように仕事ができません。

⑥かすかなうめき声が、まっくらなやみの中から聞こえてくる。

参考

動詞・形容詞・形容動詞の識別《しきべつ》

動詞は言い切りの形が「ウ段《だん》」で終わります。形容詞は言い切りの形が「い」で終わります。形容動詞は言い切りの形が「だ」で終わり、この「だ」を「な」に言いかえることができます。

7 接続《せつぞく》語・独立《どくりつ》語・指示《しじ》語

解答 222ページ

1 次の各組の二つの文または文章が同じ意味になるように、（　）に入る適当《てきとう》な接続《せつぞく》語をあとの語群から選んで答えましょう。

①風は強いが、空は晴れている。
風は強い。（　）空は晴れている。

②かれは絵もうまいし、字もクラスで一番だ。
かれは絵もうまい。（　）字もクラスで一番だ。

③理科か数学の自習をしなさい。
理科（　）数学の自習をしなさい。

④急いでかけつけると、笑いながらかれが待っていた。
急いでかけつけた。（　）笑いながらかれが待っていた。

[語群]　すると　または　しかし　それに

参考

接続語

接続語は大きく分けて、①順接、②逆接《ぎゃくせつ》、③並列《へいれつ》・添加《てんか》、④説明、⑤選択《せんたく》、⑥転換《てんかん》があります。

① ②
③ ④

2 **次の各文から独立《どくりつ》語を書き出しましょう。また、その働きが、ア「感動」、イ「呼《よ》びかけ」、ウ「応答《おうとう》」、エ「あいさつ」、オ「提示《ていじ》」のどれにあたるか、記号で答えましょう。**

①はい、私が作りました。　②ああ、いい歌だなあ。

③ねえ、早くしなさい。　④平和、それは私たちの願いです。

⑤山本と申します、こんにちは。

① ② ③
④ ⑤

3 次の文章を読んで、あとの問いに答えましょう。

友人なんて、つくろうと思ってつくれるものではない。①それはむしろ、気がついたらできていた、というくらいのものだろう。なにしろ、こちらで仲のよい友人だと思ってなれなれしくつきあっても、むこうはちっとも②そう思っていないのであれば、そんな関係は友情《ゆうじょう》とは呼《よ》べない。友人は必要だ、友情は大切だ、なんて思いこんでいると、どうでもいい知り合いばかり増《ふ》えて、かえって本当の友人と出会いそこなうかもしれない。そんなのは本末転倒《ほんまつてんとう》だろう。③それがいやなら、もっと気軽にかまえてみてはどうだろう――友人は〝つくる〟ものではなく〝できる〟ものなのだと。

問　右の文章の――線部①〜③は、指示語です。それぞれが指示するものを、文中からぬき出しましょう。ただし①は二字、②は八字、③は解答《かいとう》らんに合うように十三字でぬき出してください。

①

②

参考

指示《しじ》語問題への対応《たいおう》

この問題では、指示語のところに、指示されている語をあてはめて、文章が通るか確認《かくにん》してみましょう。

③

こと

参考

敬語法
敬語には、相手を上に置く尊敬《そんけい》語、自分を下に置く謙譲《けんじょう》語、単に丁寧《ていねい》な言葉づかいにする丁寧語の三つがあります。

8 敬語《けいご》法

解答 223ページ

1 次の①～⑤の最初にあげたことばを、敬語《けいご》として適当《てきとう》な使い方に変えて（　）に入れましょう。（答えは解答《かいとう》らんに書いてください。）

①見る
ア 先生もいっしょにそれを（　　）になった。
イ お手紙を（　　）しました。

②行く
ア 来月はどちらへ（　　）ご予定ですか。
イ 途中《とちゅう》まで私《わたし》もいっしょに（　　）ましょう。

③食べる
ア 手作りですが、どうぞ（　　）てください。
イ では、せっかくですから（　　）ます。

④言う　ア　先生は私たちにこう（　　）ました。
　　　　イ　うちの父がよろしくと（　　）ておりました。

⑤する　ア　校長先生も綱《つな》引《ひ》きを（　　）た。
　　　　イ　私もおてつだい（　　）ましょう。

①	ア	イ
②	ア	イ
③	ア	イ
④	ア	イ
⑤	ア	イ

2 次の文章中の――線部はふさわしいことばづかいではありません。敬語の使い方として正しい表現《ひょうげん》に改めましょう。

「ごめんください。」玄関《げんかん》で声がしました。

「はあい。①だれですか。」

「わたしはお父さんの会社でいっしょに働いている井上というものです。お父さんはいらっしゃいますか。」

「はい、②いらっしゃいます。ちょっと③待って。」と政子《まさこ》さんはおくへ入って、「お父さん。井上さんというかたが④来たよ。」

①	②
③	④

3 次の文章はある小学校の先生と男子生徒との会話です。この会話を読んであとの問いに答えましょう。

「先生、なにか〔①〕ですか。」

「きみの進学のことでお父さんに一度［②］話をしたいのだが、あすの午後学校まで来て［③］ないだろうかね。」

「はい、たぶん大丈夫《だいじょうぶ》だろうと思います。先生はあす何時まで学校に［④］ますか。」

「五時ごろまではいるよ。」

「では、帰りましたら、そのように父に伝えます。」

問　右の会話の中の［①］～［④］へ入れるのに最もふさわしいものを、次のア～ケから選びましょう。

ア　用事　**イ**　くれ　**ウ**　ご用　**エ**　下さる
オ　お目にかかって　**カ**　いらっしゃい
キ　いただける　**ク**　いただく　**ケ**　いただけ

①	②	③	④

9 ことわざ

解答 223ページ

1 次の①~⑦のことわざは「いろはかるた」にも使われて、人々に親しまれています。□に入る漢字をあとのア~キから選びましょう。

① □も歩けば棒《ぼう》に当たる

② ちりもつもれば□となる

③ 良薬は□に苦し

④ □の上のたんこぶ

⑤ 知らぬが□

⑥ 老いては□にしたがえ

⑦ □から出たさび

ア 犬　**イ** 身　**ウ** 山　**エ** 子　**オ** 仏《ほとけ》

カ 口　**キ** 目

①	②	③	④
⑤	⑥	⑦	

参考

ことわざ

ことわざは、人生の教訓や生活の知恵《ちえ》などを、昔から言いならわされてきた短い語句《ごく》で、表現《ひょうげん》したものです。

2 次の①~⑤の□にあてはまる漢数字を答えましょう。

①□日ぼうず
②□階から目薬
③十人□色
④一石□鳥
⑤うり□つ

①
②
③
④
⑤

参考

故事成語
中国の言い伝えに由来する語句が、故事成語です。この中では「五十歩百歩」が故事成語です。

3 次の①~④のことわざ・故事成語《こじせいご》の意味としてあてはまるものを、あとのア~クから選びましょう。

①雨降《ふ》って地かたまる
②石橋をたたいて渡《わた》る
③五十歩百歩
④亀《かめ》の甲《こう》より年の功

ア 年長者の経験《けいけん》の尊《とうと》いことのたとえ

イ　どちらにしても大して差がない
ウ　どうしようかと迷《まよ》う
エ　失敗しないために用心すること
オ　何事をするにもじっくりと考える
カ　ごたごたした後はかえってうまくいく
キ　帰りの道は遠く感じられる
ク　年寄《としよ》りのぐちには耳を貸《か》すな

①	②	③	④

10 慣用句《かんようく》

解答 224ページ

1 次の①〜⑳の慣用句《かんようく》の意味としてあてはまるものを、あとのア〜エから選びましょう。

①耳がいたい
ア　耳に病気がある
イ　相手の言うことがわからない

参考
慣用句
人々の間で言いならわされて「きまり文句《もんく》」となった語句が、慣用句です。

ウ　弱点をつかれてきいているのがつらい

エ　話しづらい

②歯が立たない

ア　苦しみにたえられない

イ　歯が丈夫《じょうぶ》でない

ウ　とても力が及《およ》ばない

エ　歯が痛《いた》い

③棒《ぼう》に振《ふ》る

ア　ボール球《だま》をふって三振《さんしん》する

イ　相手をやっつける

ウ　むだにする

エ　他人にめいわくをかける

④口が重い

ア　つかれている

イ　不安である

ウ　食欲《しょくよく》がない

エ　ことば数《かず》が少ない

⑤たかをくくる

ア　鷹《たか》という鳥をしばる

イ　大したことはないと見くびる

ウ　高い品物をくくる

エ　多い少ないの程度《ていど》を見る

⑥首を長くする

ア　背筋《せすじ》を伸《の》ばす

イ　礼儀《れいぎ》正しくする

ウ　今か今かと待ちこがれる

エ　遠くのほうを見る

⑦目が高い

ア　身長が高い

イ　ねだんが高い

ウ　物のよしあしを見分ける力がすぐれている

エ　高い目標をもっている

⑧ふにおちない

ア　うまくいかない

イ　納得《なっとく》できない

ウ　思い通りにならない

エ　安心していられる

⑨頭が上がらない

ア　頭痛《ずつう》がして重たい感じがする

イ　相手を尊敬《そんけい》できない

ウ　相手に負《お》い目を感じて対等にふるまえない

エ　目的がわからない

⑩手につかない

ア　気にならない

イ　くっつかない

ウ　高いところにものがある

エ　他のことに心をうばわれて集中できない

①	⑥
②	⑦
③	⑧
④	⑨
⑤	⑩

⑪根掘《ほ》り葉掘り

ア　物事をだめにしてしまう

イ　庭や木の手入れをする

ウ　こまごまとしつこく

エ　畑をたがやす

⑫耳打ち

ア　耳をたたく

イ　そっと耳のそばで言う

ウ　耳に息をふきかける

エ　耳に水をかける

⑬けりがつく
ア　相手をけとばす
イ　ものごとの結末がつく
ウ　ひどい目にあう
エ　うまくいかないこと

⑭鼻にかける
ア　めがねをかける
イ　かわいがる
ウ　人に自慢《じまん》する
エ　心配する

⑮ぬれ手であわ
ア　苦労しないで利益《りえき》を得《え》ること
イ　あわてて失敗すること
ウ　手《て》応《ごた》えのないこと
エ　よく洗濯《せんたく》をすること

⑯八百長《やおちょう》

ア 八百屋の主人

イ 非常《ひじょう》に長いこと

ウ わざと負けたり勝ったりすること

エ ひどく疲《つか》れること

⑰あごを出す

ア いばる

イ ひどく疲れる

ウ ひげをそってもらう

エ お金が不足する

⑱顔に泥《どろ》をぬる

ア 知らん顔をする

イ 顔の汚《よご》れをそのままにする

ウ はじをかかせる

エ いやな顔をしてみせる

⑲水に流す
ア 川にものを落とす
イ よごれを取り除《のぞ》く
ウ 過《か》去《こ》のいざこざをなかったことにする
エ おぼれる

⑳顔から火が出る
ア やけどをする
イ とてもはずかしい思いをする
ウ 手品の一つ
エ 思わぬ発見をする

⑪	⑫	⑬	⑭	⑮
⑯	⑰	⑱	⑲	⑳

11 あいまい文

解答 224ページ

1 **読点《とうてん》（、）の位置ひとつで文の意味がちがってくることがあります。次の①と②の文で、それぞれ（　）の中の条件《じょうけん》に合うように読点を一つずつ書き入れましょう。**

①ぼくはなみだを流して再会《さいかい》を喜《よろこ》ぶ親友の手をにぎった。
（なみだを流しているのが「親友」の意味になるように）

②ぼくはなみだを流して再会を喜ぶ親友の手をにぎった。
（なみだを流しているのが「ぼく」の意味になるように）

2 **次の①と②の文は、それぞれ意味が二通りにとれてはっきりしません。それぞれの意味が一つしか伝わらないように、文を二通りに書き直しましょう。ただし、読点（、）を使わずに直してください。**

①山田君は吉野君と村上君を見舞《みま》いに行った。

②弟は笑いながらにげていく妹を追いかけた。

参考

あいまい文

作文を書くときは、上のような「あいまい文」をうっかり書いてしまわないように、注意しましょう。書き終わった後で、読み直す習慣《しゅうかん》をつければ大丈夫《だいじょうぶ》です。

①

②

12 国語辞書の使い方

解答 225ページ

1 次の各組のことばを、国語辞書にならんでいる順にならべかえ、記号で答えましょう。

① ア 机《つくえ》　イ いす　ウ 鉛筆《えんぴつ》　エ ノート　オ 消しゴム

② ア 合同　イ 行動　ウ 交通　エ 強盗《ごうとう》　オ 口頭

③ ア 時《とき》　イ 通り　ウ 土器　エ 時々　オ 道理

④ ア 立場　イ 建物　ウ 体重　エ 大小　オ 宝物《たからもの》

⑤ ア 白紙《はくし》　イ 場所　ウ 鼻息　エ 初耳　オ 灰色

⑥　ア　毎日　イ　満月　ウ　真冬　エ　真夏　オ　真昼

⑦　ア　列島　イ　列車　ウ　練習　エ　連合　オ　連勝

⑧　ア　目印　イ　目玉　ウ　メダカ　エ　目標　オ　目次

⑨　ア　沼《ぬま》地《ち》　イ　ねこ　ウ　におい　エ　似《に》合《あ》う　オ　野原

⑩　ア　会社　イ　解《かい》決《けつ》　ウ　悲しい　エ　悲しみ　オ　格《かく》別《べつ》

⑪　ア　重要　イ　自由　ウ　祝日　エ　写生　オ　写真

⑫　ア　大《だい》事《じ》　イ　退《たい》治《じ》　ウ　大使　エ　台紙　オ　台車

①	③	⑤	⑦
②	④	⑥	⑧

⑨	⑩
⑪	⑫

参考

清音《せいおん》・濁音《だくおん》・半濁音

「は行」を例にとるなら、「はひふへほ」を清音、「ばびぶべぼ」を濁音、「ぱぴぷぺぽ」を半濁音といいます。

2 次の文中の（　）にあてはまることばを、あとのア～ケから選びましょう。

（①）の読み方がわからないときは漢和辞典をひいてみるのがよいが、（②）の（③）がわからないときは（④）をひくことが大切だ。（④）は、ことばが（⑤）順にならべてあるのがふつうだ。また、同じ「かな」でひく場合は、まず（⑥）が先で、つぎに（⑦）、（⑧）の順に出ている。カタカナによる外来語については、それぞれの国語辞書によってあつかいがことなることがあるので、使う前に辞書の一番最初に書かれてある「凡例（はんれい）」を読んで使い方をよく理解《りかい》してから使うことが大切だ。

ア 漢和辞典　**イ** 国語辞書　**ウ** 漢字　**エ** ことば
オ 濁音《だくおん》　**カ** 半濁音　**キ** 清音《せいおん》　**ク** 五十音　**ケ** 意味

①	②	③	④
⑤	⑥	⑦	⑧

13 日本語の種類と歴史《れきし》

解答 225ページ

1 次の文のア～カにあてはまることばを、あとの語群から選んで答えましょう。

日本語は、大きく分類すると、むかしから日本にある（ア）語、中国から文字でもたらされた（イ）語、中国以外の国々からもたらされた（ウ）語の三つがあります。（ア）語は（エ）読みし、（イ）語は（オ）読みするのが基本ですが、「火事」のように、日本で作られた言葉で（オ）読みするものもあります。また、

（　ウ　）語は、（　カ　）で表記することが多いです。

[語群] 音・訓・漢・外来・和・カタカナ

ア	イ	ウ
エ	オ	カ

第2章 ことばと漢字

14 漢字の音訓（1）

解答 226ページ

1 次の——線部と同じ読み方をするものを、それぞれア～エから選びましょう。

①雑木林

ア 悪口雑言　イ 種々雑多　ウ 雑学　エ 雑誌《し》

②開化

ア 退《たい》化　イ 化け物　ウ 化身　エ 権《ごん》化

③流行

ア 生々流転　イ 流言飛語　ウ 流罪《ざい》　エ 流布《ふ》

④野性

ア 素《す》性　イ 相性　ウ 根性　エ 習性

⑤文明

ア 明日　イ 明確《かく》　ウ 明星　エ 明朝

①	②	③	④	⑤

2 **次のそれぞれの熟語《じゅくご》の読みを書きましょう。**

①**ア** 人口（　　）　**イ** 口調（　　）

②**ア** 工場（　　）　**イ** 大工（　　）

③**ア** 親切（　　）　**イ** 一切（　　）

④**ア** 右折（　　）　**イ** 左右（　　）

⑤**ア** 外国（　　）　**イ** 外科（　　）

⑥**ア** 直角（　　）　**イ** 正直（　　）

⑦**ア** 生活（　　）　**イ** 一生（　　）

⑧**ア** 時代（　　）　**イ** 交代（　　）

⑨**ア** 平面（　　）　**イ** 平等（　　）

⑩**ア** 由来（　　）　**イ** 自由（　　）

⑪ ア 設立（　　　）　イ 建立（　　　）

⑫ ア 成功（　　　）　イ 功徳（　　　）

⑬ ア 気体（　　　）　イ 気配（　　　）

⑭ ア 次回（　　　）　イ 次第（　　　）

⑮ ア 守備（　　　）　イ 留守（　　　）

⑯ ア 原色（　　　）　イ 色調（　　　）

⑰ ア 早朝（　　　）　イ 早速（　　　）

⑱ ア 有名（　　　）　イ 有無（　　　）

⑲ ア 作品（　　　）　イ 作法（　　　）

⑳ ア 図画（　　　）　イ 図書（　　　）

㉑ ア 対立（　　　）　イ 一対（　　　）

㉒ ア 子弟（　　　）　イ 弟子（　　　）

㉓ ア 政治（　　　）　イ 治安（　　　）

㉔ ア 明暗（　　　）　イ 光明（　　　）

㉕ ア 反省（　　　）　イ 省略（　　　）

15 漢字の音訓（2）

解答 227ページ

1 次の熟語《じゅくご》の読みを書きましょう。また、その読み方が、ア「音・音読み」、イ「訓・訓読み」、ウ「重箱《じゅうばこ》読み（…音・訓読み）」、エ「湯桶《ゆとう》読み（…訓・音読み）」のどれにあたるかも記号で答えましょう。

①背骨　②大筋　③去年　④街角　⑤手配
⑥夕刊　⑦仕事　⑧茶色　⑨旗本　⑩弓矢

①	②
③	④
⑤	⑥
⑦	⑧
⑨	⑩

参考

音読みと訓読み

原則《げんそく》として、聞いただけでは意味がわからないのが音読み、聞いただけで意味がわかるのが訓読みです。例えば「山」という字で言うと、「サン」と聞いても何のことかわかりませんが、「やま」と聞けばすぐに意味がわかります。つまり、「サン」が音読みで「やま」が訓読みです。ただし、この原則から外れる音読み・訓読みも多数ありますので、注意してください。

⑪若草　⑫出番　⑬青年　⑭出立　⑮青空

⑯荷物　⑰手本　⑱客間　⑲相手　⑳立春

⑪	⑬	⑮	⑰	⑲
⑫	⑭	⑯	⑱	⑳

㉑台所　㉒消印　㉓浜辺　㉔本屋　㉕役場

㉖上空　㉗相性　㉘雨具

㉑	㉓	㉕	㉗
㉒	㉔	㉖	㉘

2 **次の熟語の二通りの読み方を書きましょう。**

①表裏（　　）（　　）
②国境（　　）（　　）
③牧場（　　）（　　）
④白鳥（　　）（　　）
⑤色紙（　　）（　　）
⑥草木（　　）（　　）

⑦音色（　）（　）
⑧父母（　）（　）
⑨水車（　）（　）
⑩市場（　）（　）
⑪草原（　）（　）
⑫風車（　）（　）

3 次の熟語の読みを、音読みの部分はカタカナで、訓読みの部分はひらがなで書きましょう。

①野宿（　）
②試合（　）
③新芽（　）
④相手（　）
⑤絵本（　）
⑥役者（　）
⑦肉屋（　）

⑧粉雪（　　）
⑨駅伝（　　）
⑩客間（　　）
⑪消印（　　）
⑫屋根（　　）
⑬役場（　　）
⑭馬車（　　）

16 漢字の音訓（3）

解答 228ページ

1 次の各文の――線部を漢字に直しましょう。必要なものには送りがなをつけてください。

①船でおおうなばらへ乗り出した。
②山の中にしみずがわいているのを発見した。
③独特《どくとく》のくちょうでおどすように話す。
④酒を飲んでまっかな顔になった。
⑤どんどんじょうずになるので練習に熱が入る。

⑥えがおがとてもかわいらしい。
⑦今年は例年に比《くら》べてくだものの出来がいいらしい。
⑧彼《かれ》はいなくなったむすこの心配ばかりしている。
⑨あずきの入った餅《もち》はとてもおいしい。
⑩あすのことをみょうにちともいう。

①	②
③	④
⑤	⑥
⑦	⑧
⑨	⑩

⑪ほんとうに春らしいひよりです。

⑫そろそろうっとうしいつゆの季節だ。

⑬旅行へ行ったらおみやげぐらい買ってきてやらねば。

⑭いつのまにかゆくえがわからなくなったそうだ。

⑮つゆの時期の長雨のことをさみだれとよんだのです。

⑯しぐれとは秋の終わりから初冬のころ、降《ふ》ったりやんだりする雨のことだ。

⑰事情《じじょう》を考えるとさっきゅうに取り寄《よ》せなければ。

⑱ふつかもたてば病気も治ります。

⑲自分の故郷《こきょう》へもどることをきせいといいます。

⑳運動会はさつき晴れの中で行われた。

⑪	⑫
⑬	⑭

⑮	⑰	⑲
⑯	⑱	⑳

㉑勉強はへいぜいの努力が大切だといわれる。
㉒あなたのいとがどこにあるのかよく理解《りかい》できません。
㉓あの寺がこんりゅうされたのははるか昔だ。
㉔星は見えないが今日はたなばただ。
㉕ゆかたを着ると涼《すず》しく感じられる季節ですね。
㉖お別れするのがなんとなくなごりおしい。
㉗稲《いね》がこがね色に実っています。
㉘専門《せんもん》の商品はとんやさんへ行かないと手に入らない。
㉙何事にもくふうが必要ですよ。

㉚さいごをみとられて亡《な》くなったのだから本望《ほんもう》ですよ。

㉑	㉒
㉓	㉔
㉕	㉖
㉗	㉘
㉙	㉚

17 二字熟語《じゅくご》

解答 228ページ

1 次の漢字の反対の意味の漢字をあとのア〜クから選びましょう。また、できた二字熟語《じゅくご》の読みも答えましょう。

①□低
②深□
③昼□
④□買
⑤□若
⑥□楽
⑦□後
⑧長□

ア 苦　**イ** 売　**ウ** 短　**エ** 高　**オ** 老
カ 前　**キ** 浅　**ク** 夜

①記号＝　　読み＝

②記号＝　　読み＝

③記号＝　　読み＝

④記号＝　　読み＝

⑤記号＝　　読み＝

⑥記号＝　　読み＝

⑦記号＝　　読み＝

⑧記号＝　　読み＝

2 次の二十字の漢字の中で、共通する意味を持った漢字どうしを組み合わせて、二字の熟語を十個《こ》作りましょう。

革《かく》　願　郷《きょう》　庫　護《ご》　作　使　切　談　児

守　製《せい》　倉　断《だん》　童　皮　望　用　里　話

3 次の熟語の上に、①「無」、②「非《ひ》」をつけて打ち消しの意味にできるものはどれでしょうか。それぞれ二つずつ選びましょう。

ア　意味　　イ　利用　　ウ　公開　　エ　感覚

オ　確実　　カ　安心　　キ　用意　　ク　合法

①

②

4 **次に示《しめ》す①～⑥の条《じょう》件《けん》にあてはまるように、あとのア～トの熟語を分類しましょう。**

①意味の似《に》た字を重ねて、一つの意味を表すことばにしたもの。
②相対する意味の漢字をならべて、比較《ひかく》対照させたもの。
③上の漢字が下の漢字を修飾《しゅうしょく》しているもの。
④下の漢字が上の漢字の目的や対象《たいしょう》になっているもの。
⑤主語と述語《じゅつご》の関係にあるもの。
⑥上の漢字が下の漢字を打ち消しているもの。

ア　求人　イ　公私《こうし》　ウ　過失《かしつ》　エ　市立　オ　外界
カ　永久《えいきゅう》　キ　東西　ク　日没《にちぼつ》　ケ　読書　コ　急行
サ　未知　シ　初雪　ス　開始　セ　無害　ソ　天地
タ　消火　チ　進退《しんたい》　ツ　幸福　テ　曲線　ト　帰国

①

②	③	④	⑤	⑥

5 次の①～⑧の熟語の組み立てと同じものを、あとのア～タから二つずつ選びましょう。

①国定　②親友　③快走《かいそう》　④作文

⑤登山　⑥不幸　⑦大小　⑧道路

ア 愛国　イ 加熱　ウ 帰国　エ 起立　オ 公《こう》私《し》

カ 黒板　キ 左右　ク 自《じ》己《こ》　ケ 就《しゅう》職《しょく》　コ 人《じん》造《ぞう》

サ 前進　シ 善《ぜん》人《にん》　ス 早《そう》退《たい》　セ 日照　ソ 非《ひ》常《じょう》

タ 未来

①	③	⑤	⑦
②	④	⑥	⑧

18 三字熟語《じゅくご》・四字熟語

解答 229ページ

1 三字熟語《じゅくご》の組み立ては、次のア〜ウのように分けられます。あとの①〜⑥の熟語はそれぞれどれにあたりますか。

ア □―□―□

イ □□―□

ウ □―□□

①朗読会《ろうどくかい》　②市町村　③悪条件《あくじょうけん》　④全世界　⑤通学路

⑥天地人

①	②	③	④	⑤	⑥

2 次の〔　〕にあう漢字をあとの語群から選んで書き入れ、三字熟語を完成させましょう。

①伝〔　　〕病

②定〔　　〕便

③演《えん》〔　　〕会

④ 呼《こ》（　　）器

⑤ 文（　　）財《ざい》

⑥ 乳《にゅう》（　　）児

⑦ 無（　　）件《けん》

⑧ 非《ひ》（　　）式

⑨ 不（　　）内

⑩ 未（　　）決

［語群］ 宅《たく》　幼《よう》　人　収《しゅう》　化　知　条《じょう》　安　公　奏《そう》

期　明　開　吸《きゅう》　産　成　染《せん》　案　源《げん》　解《かい》

3 次の（　）に「不・無・非《ひ》・未」の中から最も適当《てきとう》な漢字を選んで書き入れ、三字熟語を完成させましょう。

① （　　）自由

② （　　）完成

③ （　　）責《せき》任《にん》

④（　　）常識《じょうしき》

⑤（　　）成年

⑥（　　）意味

⑦（　　）知数

⑧（　　）規則《きそく》

⑨（　　）景気

⑩（　　）愛想

4 **次の（　）には漢数字が入ります。あとの語群から選んで書き入れ、四字熟語を完成させましょう。同じ漢字を何回使ってもかまいません。**

①（　　）寒（　　）温

②（　　）変（　　）化

③（　　）望（　　）里

④（　　）拝《ぱい》（　　）拝《はい》

⑤（　　）日（　　）秋

⑥（　　）石（　　）鳥

⑦〔　〕朝〔　〕夕

⑧〔　〕苦〔　〕苦

⑨〔　〕刻《こく》〔　〕金

［語群］一　二　三　四　五　六　七　八　九　十
百　千　万　億

5 **次の四字熟語の〔　〕に適当な漢字を入れ、四字熟語の読みも書きましょう。**

① 異《い》〔　〕同音〔　　〕

② 日〔　〕月歩〔　　〕

③ 前代〔　〕聞〔　　〕

④ 弱〔　〕強食〔　　〕

⑤ 起死〔　〕生〔　　〕

⑥ 適《てき》〔　〕適所〔　　〕

⑦〔　〕刀直入〔　　〕

⑧〔　〕心伝心〔　　〕

⑨ 〔　〕前絶《ぜつ》後 〔　　〕

⑩ 大〔　〕晩《ばん》成 〔　　〕

⑪ 完全無〔　〕 〔　　〕

⑫ 意味深〔　〕 〔　　〕

⑬ 言語〔　〕断《だん》 〔　　〕

⑭ 用意〔　〕到《とう》 〔　　〕

⑮ 〔　〕往《おう》左往 〔　　〕

⑯ 十人十〔　〕 〔　　〕

⑰ 我《が》〔　〕引水 〔　　〕

⑱ 八方〔　〕人 〔　　〕

⑲ 意気〔　〕合 〔　　〕

⑳ 大〔　〕小異《い》 〔　　〕

㉑ 半死半〔　〕 〔　　〕

㉒ 電〔　〕石火 〔　　〕

㉓ 千〔　〕万化 〔　　〕

19 同義語《どうぎ》・反対語

解答 230ページ

1 次の①〜⑩の熟語《じゅくご》と意味の似《に》ている熟語を、あとのア〜コからそれぞれ選びましょう。

①目的　②去年
③個人《こじん》　④性質《せいしつ》
⑤首都　⑥同意
⑦熱心　⑧希望
⑨所有　⑩改善

ア　熱意　イ　目標　ウ　願望　エ　所持　オ　首府
カ　賛成《さんせい》　キ　改良　ク　性格《せいかく》　ケ　昨年　コ　自分

①	②	③	④	⑤
⑥	⑦	⑧	⑨	⑩

2 次のそれぞれの（　）の中に各組とも同じ漢字を書き入れて、意味の似ている熟語の組を完成させましょう。

① （　）果・（　）末

② （　）亡《ぼう》・（　）去

③ 快《かい》（　）・（　）発

④ 主（　）・重（　）

⑤ 利（　）・応《おう》（　）

⑥ 休（　）・静（　）

⑦ 終（　）・一（　）

⑧ 将《しょう》（　）・未（　）

3 次の熟語の反対の意味になる二字の熟語を書きましょう。

① 原因《いん》（　）

② 不安（　）

③ 部分（　）

④ 病気（　）

参考

反対語

難《むずか》しい反対語は、ペアで覚えてしまいましょう。

⑤消極（　　　　）

⑥登校（　　　　）

⑦消費《ひ》（　　　　）

⑧危《き》険《けん》（　　　　）

⑨終了《りょう》（　　　　）

⑩成功（　　　　）

⑪大漁（　　　　）

⑫長所（　　　　）

⑬輸《ゆ》出（　　　　）

⑭戦争（　　　　）

⑮上品（　　　　）

⑯最古（　　　　）

⑰最高（　　　　）

⑱有名（　　　　）

解答 231ページ

1 次の①～④の〔　〕の中に、それぞれ「かい」の読みをもつ漢字を書き入れ、熟語《じゅくご》を作りましょう。

①〔　〕設《せつ》

②〔　〕正

③〔　〕想

④雲〔　〕

2 次の各組の〔　〕の中には、共通する音の漢字が入ります。すでに書かれているものをヒントにして、それぞれ適切《てきせつ》な漢字を書き入れましょう。〔　〕には漢字一字が入ります。

①ビルを〔　〕設《せつ》する。
〔　〕当ちがいの答え。
生命保《ほ》〔　険　〕に加入する。
病院で〔　〕康診断《しんだん》を受ける。

②優勝《ゆうしょう》の〔　　〕算は大きい。
モーターボートの〔 航 〕跡《せき》。
無条件に〔 降 〕伏《ふく》する。
物価高《ぶっかだか》を〔　　〕実とした値《ね》上《あ》げ。

③研究の〔　　〕〔　　〕が上がる。
〔 盛 〕〔 夏 〕に旬《しゅん》をむかえる果物。
中央〔　　〕〔　　〕市場。

④温泉《おんせん》の〔　　〕〔　　〕客。
話題の〔　　〕〔　　〕者。
〔 冬 〕〔 至 〕は最も夜が長い。
卒業式に読む〔　　〕〔　　〕。

21 同訓異義《いぎ》語

解答 231ページ

1 次の各グループの漢字は、グループごとに同じ読み方をします。それぞれの読み方をひらがなで答えましょう。

①着く　付く　突く　就く
②射る　入る　居る　要る
③立つ　断つ　建つ　絶つ　裁つ
④図る　測る　計る　量る
⑤納める　収める　治める　修める
⑥暑い　熱い　厚い

①	②	③
④	⑤	⑥

2 次の〔　〕の中にあてはまる、各組同じ読みで字の異《こと》なる漢字を一字ずつ書き入れましょう。

① ア あの家は朝が〔　〕い　イ 走るのが〔　〕い

② ア 手を〔　〕げて答える　イ 顔を〔　〕げる

③ ア 薬が〔　〕く　イ 機転が〔　〕く

④ ア 犬の後を〔　〕う　イ すべての責任《せきにん》を〔　〕う

⑤ ア 西日が〔　〕す　イ 向こうの方角を〔　〕す

⑥ ア 貴族《きぞく》に〔　〕える　イ この機械は〔　〕える

⑦ ア 犬小屋を〔　〕る　イ 船を〔　〕る

22 漢字の部首

解答 231ページ

1 例にならってそれぞれの指示《しじ》にしたがった漢字を書きましょう。なお、下のカタカナはそれぞれの漢字を音読みした場合のものです。

（例）「ひとあし」に「くち」・ケイ　〔兄〕

① 「いしへん」に「かわ」・ハ　〔　〕

② 「くちへん」に「とり」・メイ　〔　〕

③ 「かねへん」に「おな（じ）」・ドウ　〔　〕

④「つちへん」に「かた」・ボウ（　　　）

⑤「ぎょうにんべん」に「ぬし」・オウ（　　　）

⑥「おんなへん」に「すこ（し）」・ミョウ（　　　）

⑦「ふるとり」に「き」・シュウ（　　　）

⑧「つちへん」に「そ（る）」・ハン（　　　）

⑨「うかんむり」に「まつり」・サツ（　　　）

⑩「くさかんむり」に「もの」・チョ（　　　）

⑪「くにがまえ」に「くち」・カイ（　　　）

⑫「にんべん」に「おもて」・ヒョウ（　　　）

⑬「くにがまえ」に「おお（きい）」・イン（　　　）

⑭「りっとう」に「かい」・ソク（　　　）

⑮「あめかんむり」に「た」・ライ（　　　）

⑯「くにがまえ」に「ふる（い）」・コ（　　　）

⑰「にんべん」に「き」・キュウ（　　　）

⑱「しょくへん」に「か（ける）」・イン（　　　）

⑲「うかんむり」に「おんな」・アン（　　　）

⑳「うかんむり」に「たに」・ヨウ〔　　〕

㉑「くち」に「かど」・モン〔　　〕

㉒「すんづくり」に「つち」・ジ〔　　〕

㉓「しかばね」に「け」・ビ〔　　〕

㉔「やま」に「いし」・ガン〔　　〕

㉕「まだれ」に「き」・ショウ〔　　〕

㉖「たけかんむり」に「あいだ」・カン〔　　〕

㉗「さんずい」に「あお(い)」・セイ〔　　〕

㉘「さんずい」に「たに」・ヨク〔　　〕

㉙「あくび」に「たに」・ヨク〔　　〕

㉚「きへん」に「ぬし」・チュウ〔　　〕

㉛「まだれ」に「くるま」・コ〔　　〕

㉜「まだれ」に「つ(ける)」・フ〔　　〕

㉝「こざとへん」に「まつり」・サイ〔　　〕

㉞「きへん」に「おおやけ」・ショウ〔　　〕

㉟「こめへん」に「わ(ける)」・フン〔　　〕

㊱「ひへん」に「てら」・ジ　〔　　〕

㊲「しんにょう」に「こめ」・メイ　〔　　〕

㊳「のぶん」に「ふる(い)」・コ　〔　　〕

参考

総画数

総画数とは、部首を含《ふく》めた、漢字一字のすべての画数のことです。

23 漢和辞典の使い方

解答 232ページ

1 次の漢字を漢和辞典でひく場合の「部首名」「部首画数《かくすう》」「総《そう》画数」をそれぞれ答えましょう。

	部首名	部首画数	総画数
① 底	〔　　〕	〔　画〕	〔　画〕
② 団《だん》	〔　　〕	〔　画〕	〔　画〕
③ 性《せい》	〔　　〕	〔　画〕	〔　画〕
④ 聞	〔　　〕	〔　画〕	〔　画〕
⑤ 験	〔　　〕	〔　画〕	〔　画〕
⑥ 複《ふく》	〔　　〕	〔　画〕	〔　画〕
⑦ 低	〔　　〕	〔　画〕	〔　画〕

⑧ 第（　　　　）（　　画）（　　画）
⑨ 根（　　　　）（　　画）（　　画）
⑩ 刊《かん》（　　　　）（　　画）（　　画）
⑪ 老（　　　　）（　　画）（　　画）
⑫ 仙《せん》（　　　　）（　　画）（　　画）

2 次の文中の（ア）～（ウ）に入ることばを答えましょう。

漢和辞典を引く場合、漢字の読みはわからないが漢字の主要な部分のなまえである（ア）がわかるときは、（ア）さくいんを引き、漢字の読みがわかっている場合には（イ）さくいんを引く。また、読めなくて、なおかつ（ア）もわからない場合には総（ウ）さくいんを引く。

ア	イ	ウ

3 次の①～⑩の漢字の部首画数を除《のぞ》いた残りの画数を数字で答えましょう。

①天　②痛《つう》　③焼　④包　⑤列

⑥世　⑦才　⑧助　⑨改　⑩配

①	②
③	④
⑤	⑥
⑦	⑧
⑨	⑩

1 **次の①～⑧の文章を読んで、文中の〔　〕に入る漢字をあとの語群から選んで書き入れましょう。同じ漢字を二回使ってもかまいません。また〔　〕には、カタカナまたはひらがなを書き入れましょう。それぞれの〔　〕や〔　〕には一字ずつ入ります。**

① 「漢字」は表〔　　〕文字といって一字一字がそれぞれ意味を表しているのに対して、「かな」は表〔　　〕文字といって一字一字は音を表すだけで、それぞれは意味を持っていない。

② 「目」や「口」という漢字は、本当の目や口に似《に》ており、物の形から考え出された文字である。このような文字は象〔　　〕文字として分類される。

③ 「木」という漢字を二つならべて林、三つ組み合わせて森という漢字を作るような漢字の成り立ちもある。このようにして作られた文字は会〔　　〕文字として分類される。

④形には表せないような事柄《ことがら》を、点や線を用いて記号や符号《ふごう》のようにして表した文字は、〔　　〕事文字として分類される。

⑤「草」のように、一つの漢字のある部分（「草」の場合は「早」）がその文字の音を表し、別の部分が意味を表している文字は〔　　〕声文字として分類される。

⑥「仏蘭西」を「フランス」と読んだり、「独逸」を〔　　〕〔　　〕〔　　〕と読んだりする漢字の使い方は仮〔　　〕文字として分類される。

⑦「悪」は本来「わるい」という意味で使われていたが、「わるいことをする者をにくむ」というふうに意味が応用《おうよう》的に拡大《かくだい》された結果、「にくい」という意味でもこの文字が使われるようになった。このように、もとの意味を応用して意味を拡大していく漢字の使い方は転〔　　〕文字として分類される。

⑧以上見てきたように、②~⑦のように漢字を「成り立ち」や「運用法」で分類したものをまとめて六書と呼《よ》んでいる。六書は、（　　）（　　）（　　）（　　）と読む。

［語群］音・意・形・借・指・注

第3章 文法

25 文章の単位

解答 234ページ

1 次の①〜⑦の文は、あとのア〜ウのどの種類になりますか。

①犬の声が、遠くの方から聞こえてくる。
②あちらの山は高く、こちらの山は低い。
③ぼくは海へ行き、兄は山へ行った。
④私《わたし》が育てたバラの花が咲《さ》いた。
⑤ぼくは彼《かれ》の姿《すがた》がみえなくなるまで見送った。
⑥赤い花がきれいに咲いた。
⑦駅前のビルの上にはたくさんの人がつめかけていた。

ア 単文
イ 重文

参考

単文・重文・複文《ふくぶん》

一つの文の中に、主語・述語《じゅつご》が一組だけある文が「単文」、二組以上の主語・述語があり、互《たが》いに対等なのが「重文」、二組以上の主語・述語があり、そのうち文の中心になるものと、そうでないものがあるのが「複文」です。

ウ　複《ふく》文

①	②	③	④
⑤	⑥	⑦	

2 次の①～⑤の文は、あとのア～ウのどれにあたりますか。

①日がしだいに長くなった。

②早春の空はとても清らかだ。

③春が来た。

④私は中学生です。

⑤まあ、みごとな花が咲きましたね。

ア　主語・述語《じゅつご》でできている文

イ　主語・述語・修飾《しゅうしょく》語でできている文

ウ　主語・述語・修飾語・独立《どくりつ》語でできている文

①	②	③	④	⑤

3 **次の各文中の――線をつけた二つの文節は、互《たが》いにどのような関係になっていますか。あとのア～エから選びましょう。**

①かれはもう出かけたらしい。

②今日は天気がたいそうよい。

③かれはたいへんすぐれた画家で 詩人だ。

④あそこであわてたのが負けた原因《げんいん》だ。

⑤きのうも きょうも雨が降《ふ》り続いている。

⑥かれの話し方はきわめて 論理《ろんり》的です。

⑦国語辞書を開けば、すぐに わかります。

⑧池のコイがきょうも元気よく泳いで いる。

⑨弟は眠《ねむ》って しまった。

⑩君とは通学の途中《とちゅう》で会った。

ア 主語・述語の関係

イ 修飾・被《ひ》修飾の関係

ウ 対等・並立《へいりつ》の関係

エ 補助《ほじょ》の関係

①	②	③	④	⑤
⑥	⑦	⑧	⑨	⑩

26 文節と単語

解答 234ページ

1 次の各文を、例にならって文節に分けましょう。（答えは解答《かいとう》らんに書いてください。）

（例） ひばりが／空で／一日中／鳴く。

① ぼくのお弁当《べんとう》はハムのサンドイッチです。

② 黒い雲が西からゆっくり広がった。

③ 人間の生活は自然との戦いから始まった。

参考

文節の識別《しきべつ》

文節は、感覚的に「ネ、サ、ヨ」で区切るやりかたがありますが、文法的に「文節＝一つの自立語（＋一つ以上の付属語《ふぞく》）」で区切れば、まちがいがなくなります。つまり、自立語と付属語のちがいが理《り》解《かい》できれば、文節も正しく識別できるようになります。

④わかりやすく、美しいことばを使おう。

⑤イギリス人は歩きながら考える。

⑥犬の鳴き声でぼくは目をさました。

①	②	③	④	⑤	⑥

2 **次の各文を、例にならって単語に分けましょう。（答えは解答らんに書いてください。）**

（例）ひばり／が／空／で／一日中／鳴く。

①彼《かれ》はわたしにすべてを話した。

②会合は三時から始まる予定だ。

③苦しいときほどユーモアが必要だ。

④友人がヨーロッパの旅行から帰る。

⑤この井戸はあまり深くない。

①

②

③

参考

単語と品詞《ひんし》

それ以上分割すると、ただの音になってしまう、意味のある言葉の最小単位を「単語」と言います。「単語」をその働きによって十種類に分類したものが「品詞」です。

④	⑤

27 品詞《ひんし》

解答 235ページ

1 次の各文の――線部①～㉚の品詞《ひんし》名を、あとのア～コから選びましょう。

A これ、あなたのです①か。

B ②はい、そうです。③大きいでしょう。

C ④その駅の名前は、「すずらんの里」と⑤いいました。

D ぼくらは⑥けっこうがんばっ⑦た。

E ⑧でも、⑨この男は、しんから⑩幸せだとはいえませんでした。

F ⑪山下さんはため息を⑫つきました。

G ⑬まどが⑭ぴかぴか光っているよ。

H ⑮大きな空港で、⑯荷物運びをしています。

I　そんなことできげんを⑰悪く ⑱するわけがない。

J　⑲その本と、この本と、どちらが⑳おもしろいかな。

K　㉑高い山に登るときには、㉒ゆっくりと歩くようにする。

L　㉓仕事にも慣《な》れたせいか、いくぶん㉔楽になった。

M　㉕美しい池のほとりを㉖散歩する。

N　みんなで向こう岸まで㉗泳ごう。

O　㉘親にしかられて泣きべそを㉙かいていた㉚らしい。

ア　名詞　**イ**　動詞　**ウ**　形容《けいよう》詞　**エ**　形容動詞　**オ**　副詞

カ　連体詞　**キ**　感動詞　**ク**　接続《せつぞく》詞　**ケ**　助動詞　**コ**　助詞

①	⑥	⑪
②	⑦	⑫
③	⑧	⑬
④	⑨	⑭
⑤	⑩	⑮

⑯	㉑	㉖
⑰	㉒	㉗
⑱	㉓	㉘
⑲	㉔	㉙
⑳	㉕	㉚

2 次の各文の――線部の品詞名を、あとのア～オから選びましょう。

A 大きなトラックがとまっている。

B 大きい荷物が積まれている。

C これはヨーロッパのある国の話だ。

D クレタ島は地中海にある。

E まあ、驚《おどろ》いた。

F 君の実力では、まあその程度《ていど》でしょう。

G おかしなことを言う人だ。

H おかしい話だと思った。

I　ちょっと、落とし物ですよ。

J　ちょっと待ってください。

ア　動詞　イ　形容詞　ウ　副詞

エ　連体詞　オ　感動詞

A	B	C	D	E
F	G	H	I	J

28 体言《たいげん》・用言《ようげん》

解答　236ページ

1 次の①～⑤の文中の――線部の名詞《めいし》は、あとのア～オのどれにあたりますか。それぞれ記号で順番に答えましょう。

①日本の短歌は、定型詩《ていけいし》の一つで、三十一音の形式が成り立ったのはずいぶんと昔のことです。

②三月三日の妹の誕生《たんじょう》日にパンダのぬいぐるみを買ってやりました。

参考

体言《たいげん》と用言《ようげん》

自立語の中で、名詞を「体言」、動詞・形容《けいよう》詞・形容動詞を「用言」に分類します。「体言」は、活用がなく、主語になることができます。「用言」は、活用があり、述語《じゅつご》になることができます。

③これとそれとは問題がちがいますよ。あなたはすぐ話を混同《こんどう》するから困《こま》りますよ。

④星一つ見えない暗い夜道をわたしは酒屋へ向かった。

⑤おそらくこの夕暮《ゆうぐ》れは、わたしの心にいつまでもはっきりと絵になって残ることでしょう。

ア 普通《ふつう》名詞　**イ** 固有名詞　**ウ** 数詞
エ 代名詞　**オ** 形式名詞

①	②	④
	③	⑤

2 例にならって、次の各文の――線部の用言をそれぞれ言い切りの形に直し、その品詞名を答えましょう。

（例）真っ赤なドレスで歌った姿《すがた》はとても美しかった。

（答）真っ赤だ（形容《けいよう》動詞）・歌う（動詞）・美しい（形容詞）

①清らかな川の流れとそよ風がとても心地よく、わたしたちはしばらくそこにすわっていた。

②かれの高い人格《じんかく》が、こうして得《え》た知識《ちしき》によって形成されるところが大きかったことは言うまでもない。

③四月も中ごろになると、桜《さくら》も散ってしまい、花から花へ飛んでまわるちょうもめずらしくなってしまう。

①

②

③

3 動詞には、次のような「自動詞・他動詞」の使い分けがあります。よく読んで、あとの問いに答えましょう。

・自動詞（〜が――する）＝主語となるものが単独《たんどく》でなす動作や作用を表す。

ゴミが流れる（流れるのはゴミ）／火が燃《も》える（燃えるのは火）

・他動詞（〜を――する）＝他に対する働きかけを表す。

ゴミを流す（流すのは別の誰《だれ》か）／火を燃やす（燃やすのは別の誰か）

問　次のそれぞれの動詞について、自動詞は他動詞に、他動詞は自動詞に変えましょう。

①あがる　②鳴る　③集まる　④育てる　⑤浮《う》かぶ

⑥曲げる　⑦切る　⑧変える　⑨絶《た》える　⑩逃《に》げる

⑪決める

⑫静まる

⑬向ける

⑭落ちる

① ②

③ ④

⑤ ⑥

⑦ ⑧

⑨ ⑩

⑪ ⑫

⑬ ⑭

29 連体詞《れんたいし》・副詞《ふくし》

解答 236ページ

1 例にならって、次の各文の――線部のうち、連体詞《れんたいし》であるものを書き出し、その連体詞に修《しゅう》飾《しょく》されている名詞を答えましょう。

(例) ある山の中腹《ちゅうふく》で、大きな木の根もとにようやく腰《こし》をおろした。

(答) ある(山)・大きな(木)

① こんな調子ですべての法案が否決《ひけつ》されたのでは、あらゆる活動が止まってしまう。

② ふと目覚めてみると、なつかしい人に出会ったのはばかげた夢《ゆめ》であった。

③ わが中学校はいろんな設備《せつび》が立派《りっぱ》に整っている。

④ その村のはずれに、いわゆる意地悪ばあさんが一人で住んでいました。

⑤ この事件《じけん》は、どの点から考えても本当におかしな事件であった。

⑥ きたる五月六日に急な用件《ようけん》で村の総会《そうかい》を開催《かいさい》しますので、必ず参加していただくようお願いします。

⑦ かれは、いかなる困難《こんなん》にも打ち勝って努力を重ね、とうとうわが国

参考

連体詞

自立語で、活用がなく、体言《たいげん》(名詞)を修飾するのが連体詞です。

でもトップクラスの音楽家になった。

①

②

③

④

⑤

⑥

⑦

2 例にならって、次の各文から副詞《ふくし》をさがして書き出し、その副詞が修飾している文節を答えましょう。

（例）その／犬は／ぶるっと／体を／ゆすってから／じっと／
こちらを／見た。
（答）ぶるっと（ゆすってから）・じっと（見た）

①王様は／もう／王女の／小さな／口から／出る／かわいい／声を／
聞く／ことも、／にこにこ／笑う／りんごのような／ほおを／見る／
ことも／できません。

②図書館は／全国の／あらゆる／都市に／設《もう》けられて／いるが、／
人口が／三千人の／わが町が／このような／りっぱな／図書館を／
持つ／ことは、／われわれ／町民の／最も／大きな／喜《よろこ》びで／
あり、／誇《ほこ》りでも／ある。

③もちろん／その／話は／わたしも／聞いたが、／あまり／信用する／
わけには／いかなかった。

④今後／もし／のろのろ／台風が／来ても、／予報《よほう》は／あてに／
ならないだろう。

参考

副詞

自立語で、活用がなく、主に用言《ようげん》（動詞・形容《けいよう》詞・形容動詞）を修飾するのが副詞です。

⑤わあわあと／いう／人々の／声も／聞こえないかのように、／じっと／首を／うなだれて／いる／様子が、／人々の／目を／ひきました。

①	②	③	④	⑤

3 次の各文の――線部アとイでは、どちらが副詞ですか。

①その人はアおもむろに立ち上がると、イていねいにおじぎをして出ていった。

②けさはアのどかに晴れわたっていた空が、午後からイついに雨になってしまった。

③聞き慣《な》れない小鳥のさえずりが聞こえたので、アすぐに外をのぞいてみると、弟がイじょうずに笛を吹《ふ》いていた。

①	②	③

30 接続詞《せつぞくし》・感動詞

解答 237ページ

1 次の文中の（A）～（C）に入る適当なことばを、あとのア～オからそれぞれ選びましょう。

標《ひょう》準《じゅん》語は東京のことばであり、（A）、東京の人はふだんのことばを改めなくても、そのまま日本語のお手本になるのだという考えがある。

参考

副詞と形容《けいよう》動詞の識別《しきべつ》

「～だ」「～な」と言いかえられるものは形容動詞、言いかえられないものは副詞です。

接続詞

自立語で、活用がなく、接続語の文節を作るのが接続詞です。

感動詞

自立語で、活用がなく、独立《どくりつ》語の文節を作るのが感動詞です。

これはまちがいだ。確《たし》かに標準語は、東京のことばに近い。（B）、東京のことばそのままではない。東京のことばの中にも、よくない言い方がたくさんある。「オッコッチャッタ」などというのは、遠い地方の人には通じない。これは標準語ではない。（C）、東京の方言だ。

ア いわば　**イ** または　**ウ** それから
エ しかし　**オ** したがって

A	B	C

2 次の①～③で、アとイの文の——線部のどちらが接続詞《せつぞくし》ですか。

①**ア** 文章は美しいけれど、絵がよくない。
イ 文章は美しい。けれど、絵がよくない。

②**ア** わたしがすると、弟もした。
イ わたしがした。すると、弟もした。

③**ア** よく練習した。それで、運動会で一等になった。
イ よく練習したので、運動会で一等になった。

①
②
③

3 次の①・②で、アとイの文の――線部のどちらが感動詞ですか。

①ア　ちょっとそれを見せて。

イ　ちょっと、何をしてるの。

②ア　なあ、そうだろう？

イ　なるほど、そうだなあ。

①
②

31 助動詞《じょどうし》

解答 238ページ

1 次の各文中から「使役《しえき》」の助動詞《じょどうし》をさがし、そのまま書き出しましょう。

①本／を／読ま／せる。

②今／から／行か／せれ／ば／間／に／合う／だろう。

参考

助動詞
付属《ふぞく》語で、活用するのが、助動詞です。助動詞は、直前の語句《ごく》に様々な意味を付け加えます。主要な助動詞とその働きは、覚えてしまいましょう。

使役の助動詞「せる」「させる」
「使役」は「人に〜をやらせる」という意味です。

③大切な／所／は／傍線《ぼうせん》／を／引い／て／覚え／させ／たい。

④一人／の／客／が／急い／で／馬車／を／止め／させ／た。

⑤覚え／させ／た／文章／を／言わ／せ／て／みる。

①	②	③
④	⑤	・

2 次の各文で、——線部の助動詞を言い切りの形に直しましょう。

①私《わたし》は行きません。

②私も見たかった。

③本を読ませました。

④おじさんが来られた。

⑤何もできなかった。

⑥行かねばならない。

⑦行ったら見える。

⑧それは本でしょう。
⑨行くのなら行け。
⑩彼《かれ》のような人はあまり見ない。

①	②	③
④	⑤	⑥
⑦	⑧	⑨
⑩		

3 次の各文中から「打ち消しの助動詞」をさがし、そのまま書き出しましょう。

①着物／が／着／られ／なかっ／た／ので、／洋服／を／着／た。
②彼ら／は、／思わ／ぬ／大金／が／手／に／入っ／た／ので、／

参考
打ち消しの助動詞「ない」「ぬ（ん）」
「打ち消し」は「～ない」という意味です。

しばらく／その／町／を／出／ない／こと／に／し／た。

③彼／は／最初／から、／逃《に》げ／たり／は／し／ませ／ん／でし／た。

④必ず／やら／ね／ば／なら／ぬ。

① ・	② ・
③ ・	④ ・

参考

受け身・可能・自発・尊敬の助動詞「れる」「られる」

「受け身」は「～に～される」、「可能」は「～できる」、「自発」は「自然と～される」という意味です。「尊敬」は尊敬語を作ります。

4 次の各文の――線部の助動詞は、ア「受《う》け身《み》」、イ「可能《かのう》」、ウ「自発」、エ「尊敬《そんけい》」のどの意味を表していますか。

①とうとうかぶと虫は殺《ころ》された。

②山田さんは明日出発される。

③妹の病気が案じられてならない。

④先生からこんこんと注意された。

⑤このごろは、なんでも食べられるようになった。

⑥クラスの雰《ふん》囲《い》気《き》が明るく感じられる。

⑦お客様が来られました。

⑧君は明日だったら来られますか。

⑨山頂《さんちょう》近くになって、空腹《くうふく》と寒さにおそわれた。

⑩混雑《こんざつ》にまきこまれて、仲間を見失った。

⑪先生がわかりやすく話された。

⑫先輩《せんぱい》は、試合のために十時に出発される。

⑬転校した友の顔が思い出される。

①	②	③	④	⑤
⑥	⑦	⑧	⑨	⑩
⑪	⑫	⑬		

5 次の各文の――線部の助動詞の意味は、ア「意志《いし》」、イ「推量《すいりょう》」のどちらですか。

参考

意志《いし》・推量《すいりょう》の助動詞「う」「よう」

「意志」は「〜したい」という気持ちを表します。「推量」は「たぶん〜だろう」と話し手がおしはかります。

①どうしてもきょう中に完成しようと考えた。
②ていねいに、しかも、きれいに書こうとした。
③この雲のようすでは、今夜あたりは雨になろう。
④たとえ失敗しようとも、悔《く》いはない。
⑤わたしから先に意見を述《の》べよう。
⑥子供《こども》たちは、さぞかし私の帰りを待っていよう。
⑦ことしの夏は大変暑いことだろう。
⑧わたしもいっしょに行こう。
⑨めずらしい手品をおめにかけましょう。
⑩日常《にちじょう》の努力を続ければ、成功は必ず手に入れられよう。
⑪ほめられるだろうと思っていたら、しかられてしまった。
⑫つりあげようとすればするほど、魚は激《はげ》しく泳ぎまわった。

①	⑤
②	⑥
③	⑦
④	⑧

⑨

⑩

⑪

⑫

6 次の各文の——線部の助動詞の意味は、ア「様態《ようたい》」、イ「伝聞《でんぶん》」のどちらですか。

①うまくいきそうな様子です。

②大変恥《は》ずかしそうでした。

③小林さんが発表されるそうで、みんな期待している。

④危《あぶ》ないこともあるそうでして、注意がかんじんです。

⑤明日は雨になるそうです。

⑥波が高くなりそうです。

⑦どうも雨が降《ふ》りそうだ。

⑧九時までには間に合うそうで、一同ほっとした。

⑨昼ごろまでにはやむそうで、会は予定どおり行う。

⑩雨は降りそうで、なかなか降らない。

参考

様態《ようたい》・伝聞《でんぶん》の助動詞「そうだ」「そうです」

「様態」は「様子や状態《じょうたい》」を意味します。「伝聞」は「人から伝え聞いたこと」を意味します。

①	⑥
②	⑦
③	⑧
④	⑨
⑤	⑩

7 **次の――線部の語の中から推定《すいてい》の助動詞を選び、その文の記号を答えましょう。**

ア いかにもスポーツマンらしいところが彼《かれ》の魅力《みりょく》だ。

イ 優勝候《ゆうしょうこう》補《ほ》にあげられているのは、あの男らしい。

ウ 子どもらしい明るさを失わずに成長したいものだ。

エ 君たちはもっと中学生らしい生活態度《たいど》をとりなさい。

オ はやくも冬がやってきたらしい。

カ 都市における空気の汚染《おせん》が進んでいるらしい。

参考

推定《すいてい》の助動詞「らしい」

「推定」は「どうやら〜らしい」という意味です。

32 助詞《じょ》

解答 239ページ

1 **次の①～④の各文中の「の」と同じ用法のものを、あとのア～エからそれぞれ選びましょう。**

①雨の降《ふ》る日はきらいだ。

②波の音が聞こえる。

③雪が降るのをながめる。

④ああだのこうだの言う。

ア 坂の下に駅があります。

イ これは父の書いた小説です。

ウ 行くの行かないのとまだ言っています。

エ 春が来るのが待ち遠しい。

①	②	③	④

参考

助詞

付属《ふぞく》語で、活用しないのが、助詞です。助詞は、文節と文節の関係を示《しめ》したり、語句《ごく》について意味を付け加えたりします。主要な助詞とその働きは、覚えてしまいましょう。

2 **次の①～③の各文中の「で」と同じ用法のものを、あとのア～エからそれぞれ選びましょう。**

①ポンプで水をくむ。

②どろ水でよごれる。

③全国各地で講演《こうえん》をする。

ア 校庭で遊びまくった。

イ 遠方から土を運んでくる。

ウ 雪の結晶《けっしょう》を顕微鏡《けんびきょう》で調べる。

エ すすでまっ黒になりました。

①	②	③

参考

助詞「で」

助詞「で」には、①原因《げんいん》・理由を示《しめ》す、②手段《しゅだん》・材料を示す（～を使って）、③時・場所を示す、といった働きがあります。

3 次の①〜⑤の各文中の――線部と同じ働きをするものを、あとのア〜エから選びましょう。

①春になれば、花が咲《さ》く。

ア 話もうまければ、絵もうまい。

イ 雨ならば、中止です。

ウ ちりも積もれば、山となる。

エ いやならば、行かなくてもよい。

②子どもながらよくしゃべる。

ア 食べながら話す。

イ 泣きながら話をする。

ウ 動物ながら人間より利口だ。

エ 寝《ね》ながらしばらくは様々なことを考えた。

③この紙は薄《うす》いが丈夫《じょうぶ》だ。

ア 水が飲みたい。

イ 父の帰るのがおそすぎました。

ウ 小鳥が木々で鳴いています。

エ　君は強そうに見えるが実は弱いということを知るべきだ。

④頭が良くてからだが丈夫だ。

ア　桜《さくら》がきれいに咲いている。

イ　肌《はだ》の色が白くてきれいだ。

ウ　学校から帰ってからすぐに寝ました。

エ　うれしくて大声でさけんだ。

⑤学校に着くと先生が待っていた。

ア　目を覚ますともうとっくに朝だった。

イ　昨日とちがってえらい勢《いきお》いだ。

ウ　君たちと僕《ぼく》たちは同じクラスだがライバル関係にある。

エ　いつの間にかあたりは夜となっていました。

①	
②	
③	
④	
⑤	

4 次の①～⑤の各文中の――線部と同じ働きをするものを、あとのア～エから選びましょう。

①新しく建てたばかりの家に住む。

ア 少しばかりの金を得《え》ることができた。

イ それはすでに一時間ばかり働いた後の話です。

ウ 入学したばかりの中学生だ。

エ 口ばかり達者で仕事はたいしてできないのだから困《こま》る。

②この話には何かがかくされている。

ア こんな物、だれかにくれてやろう。

イ 同じ物を私《わたし》にもくれませんか。

ウ 何だ、君も行くのか。

エ 明日は天気かしら。

③雨が降《ふ》りはしないかと心配になってきた。

ア ぼくは君とはまるで反対の意見だ。

イ 大変なことになりはしないか。

ウ これは私の父親です。

エ　実行するには、まず何と言っても計画が必要だ。

④こんなものはいまどき犬でも食べません。

ア　せっかくだからみんなでお茶でも飲むか。

イ　そんなことは私でもよく知っていますよ。

ウ　ここまできたらもっと先まで進んでもいいだろう。

エ　行くのには車でも徒歩でもいいのです。

⑤さっきの話を聞いて、泣き出したいほど悲しい。

ア　全部合わせると北海道ほどの広さになるらしい。

イ　その精進《しょうじん》ぶりは頭が下がるほどだった。

ウ　今日だって昨日ほどの暑さですよ。

エ　お酒はほどほどにしておきなさい。

①
②
③
④
⑤

5 次の①～④で、各文中の［A］～［D］にそれぞれ共通して入る助詞を答えましょう。

①小説［A］読もう。
こわれ［A］したらたいへんだ。
おとな［A］うまくできない。

②行き［B］すればよいのだ。
歩くこと［B］できない。
お茶［B］あればいい。

③欲しい［C］持って行きなさい。
私《わたし》［C］が知っている。
自慢《じまん》する［C］のことはある。

④私のほう［D］失礼しました。
今で［D］元気だが昔は体が弱かった。
勉強したから［D］合格《ごうかく》できたのだ。

A	
B	
C	
D	

6 **次のアとイが反対の意味になるように、①～④に入る適当《てきとう》なひらがなを答えましょう。□にはひらがな一字が入ります。**

ア「ポチ、ポチ」と呼《よ》ん①□□、ポチは家の中に入って来ま②□□。

イ「ポチ、ポチ」と呼ん③□□、ポチは家の中に入って来ま④□□。

ア：①　　　②　　　**イ：**③　　　④

第4章 説明的文章

33 説明的文章（1）

解答 240ページ

説明的文章は、ある事実について調査《ちょうさ》・分析《ぶんせき》・研究した内容を報告《ほうこく》・説明・解釈《かいしゃく》するもの（説明文、報告文、報道《ほうどう》文、学術論文《がくじゅつろんぶん》など）と、調査・分析・研究した事実をふまえて、自分なりの意見を述《の》べるもの（論説《ろんせつ》文など）に分かれます。本書は、前者を**分析型**、後者を**意見型**と呼《よ》びます。ではまず、**意見型**の文章を二つ読んでみましょう。

1 次の文章を読んで、あとの問いに答えましょう。

[1] 詩句の美しさは、いろいろな飾《かざ》りのことばによって、できあがるのではありません。むしろ、ことばをぎりぎりの極限《きょくげん》まで節約す

るところから、生まれるといえるでしょう。［ア］、どこまで節
約すればよいのか、これがまたむずかしい問題です。作者自身もそ
の点についてはまよって、この一行、一言をつけるべきか、取るべ
きかと、幾日《いくにち》も考えてしまうということが多いのです。自由詩は行
数や①形の制限《せいげん》がないので、つい気がゆるみ、よくばって書いてしま
う、もっともっとと、ことばを飾ったりもしてしまいます。でもそ
うしたとき、その詩は美しいとはいえなくなるでしょう。

［2］「美しい」ということは何か？　美しさを感じさせるものについ
て考えてみましょう。詩の上だけではなくて、すべての場合につい
て考えてみましょう。わたくしたちは、「美しい」ということばが
大すきです。「美しい人生」「美しい愛」などと、美しさをもつこと
をのぞんでいます。でもほんとのところ、その美しさの意味につい
て、あまり深く考えていないのではないでしょうか。美しい景色を
みて思わず、「きれいね」と口にでて、たのしい思いになる、それ
でもう十分とも思いますが、そのたのしい思いにさせてくれるもの
の姿《すがた》を、たしかめてみましょう。美しいものと、美しくないもの

と、わたくしはいま自分の部屋を見まわして、よりわけてみました。机《つくえ》の上のペン皿にあるえんぴつ、何本かのえんぴつの中で美しく目にうつるのは、けずりたてのえんぴつです。シンがまるくなったり、折れたままのは美しいとは思えません。お皿に盛《も》ったバナナは、あざやかな黄の色をしていて美しい。でも実をたべてしまった皮は、皮になった瞬間《しゅんかん》に、もう美しいとは思えませんし、色もまたたちまち黒ずんできたなくなってしまいます。けずりたてのえんぴつが美しく目にうつるのは、「どうぞ、いつでもすぐに使えますよ」と、すぐに役にたつ姿を見せてくれているからでしょう。バナナの皮も、中に実をつつんでいるという、使命をもっているときは美しいのですが、その使命が終わって皮だけになった瞬間に美しくなくなります。こうしたことを思うと、人に快《こころよ》い感動をあたえる美しさとは、そのものが役にたつという姿を見せているところにあるのではないかと思われます。花が美しい、木々が美しいというのは、その命の美しさを感じるところにあります。命とは活動することであって、［　イ　］、役目をはたしている姿です。花も木も、せいいっぱいに生き、そして自分たちの子孫を永続《えいぞく》させるために、花を咲《さ》かせ、実をならし、その命を充実《じゅうじつ》させて、活動しているのです。わたくしたちは働く人を美しいと見ます。どんなにどろんこでも、汗《あせ》みどろでも、働く姿は美しい。どろんこも、汗も、働く姿の美しさを引きたてます。これは、働くという行為《こうい》が、活動そのものであり、役だつ使命をはたすことであり、汗もどろんこもまた、そのためにあるからです。[ウ]、働くことをやめて、食卓《しょくたく》にむかったときの、汗みどろ、どろんこは、きたない、もう美しくは目にうつりません。このときの、どろんこや汗は、労働という中身をとってしまったあとの残りもの、バナナの皮みたいな存在《そんざい》になってしまったからでしょう。食事をするという行為に、どろんこは不要です。そこで、きれいにさっぱりと洗《あら》いおとさなければなりません。ですから、同じものでも、そのものが、そのものとして役にたたない場所にあるときは、美しく目にうつりません。髪《かみ》の毛は、髪にあるから美しい。ぬけ落ちた髪の毛が、食物の中にでもはいっていたら、とてもゆううつです。ショーウィンドーの商品がみな美しく見えるのは、「このとおり、役にたちますよ」と、マネキンに着せてみせたりして、たのしく、わかりやすく飾られてあるからでしょう。わたくしたちのおしゃれや、動作、マナーなども、その場にふさわしく、役にたつかたちであるとき、美しく見えるのです。急ぐときは、[あ]動作が美しく、人にものをたずねるときは、その人に教わるという気持ちをあらわすのに必要な[い]動作、教えるときは相手によくわかるようにする動作が、気持ちよく美しくうつります。

[3] 詩のことばも、自分の心を伝えるために役だつ必要なことばを選びだして、それをもっともふさわしい場所におくことで、美しさが生まれます。「詩人の手がすくえば水も水晶《すいしょう》の玉となる」と、ゲーテはいっています。これは[う]という意味です。なんでもない平凡《へいぼん》なものからも、その価値《かち》をさぐり、そのものの生かし方を発見する心をもつことが、詩の心でしょう。そして、そうした詩の心とは、やさしさにもつながります。

[4] 日常《にちじょう》生活でも、心のやさしい人は、人の気づかないところから

美をつくりだしています。たとえば、②花をいけるとき、大きな目だつ花だけをえらびだしていけ、小枝《こえだ》や葉はあっさりすててしまう人がいます。③またそうした葉や小枝、小さな花もあつめて、別の花びんにいけ、美をつくりだす人もいます。古いセーターなども、すてしまわずに、クッションなどにつくりかえて、美をつくりだし、そのものの生命をまた、もう一度生かしてあげる人もいます。せんたくをすることも、その汚《よご》れをおとして美をつくりだし、また役にたつ価値をそのものにあたえてあげることでしょう。毎日の食器のあと片《かた》づけも、そうじも、クツをみがくことも、みな美をつくりだしているのです。こうして、いろいろと美について考えてみるとき、「美しい愛」「美しい人生」「美しい生き方」といわれるものも、どういう意味をもっているか、どのような愛や生き方が美につながるのか、わかってくるのではないでしょうか。わたくしたちは美しいものを見る目をもたなければなりません。美しいものを育て、つくりだしてゆくやさしさをもたなければなりません。

5　いま、公害が大きな問題になっています。海も川もよごれ、空もよごれ、木々は枯《か》れ、動物たちは死んでゆきます。それは人間社会だけ優先《ゆうせん》の世の中にしてしまったからでしょう。人間も地球上の一つの生物であることを忘《わす》れ、ほかの動植物と共存《きょうぞん》する精神《せいしん》をうしなって、人間だけの利益《りえき》を思いすぎたところに、大きな過失《かしつ》があることはいうまでもありません。A昔むかしの人は、山にも川にも神のいることを信じてうやまいました。木にも魂《たましい》のあることを信じてやたらに切ることをしませんでした。人間だけがもつ知恵《ちえ》や能力《のうりょく》を、神から与《あた》えられた特別なものとして、ほかの動物や植物たちのためにも使っていたのでしょう。自然がうしなわれてはじめて、その大切さに気づいた現在《げんざい》ですが、その自然を昔のままにとりもどすことはまずできないでしょう。わたくしたちを太古の人間にもどすこともできないでしょう。これからの世の中がどうなっていくか、地球滅亡論《めつぼうろん》などもでてきていますが、わたくしは人間の知恵や良心に期待をかけています。新しい時代を生きる人たちが、自然と共存する新しいあり方を考えてゆくにちがいないと――。みなさんもどうぞ、美しいものを見きわめる目を、力をもっていただきたいと思います。若《わか》い方たちが、とても美しいのは、これからを生きるすばらしい能力を、その肉体の中にひめているからです。

6　詩の話にもどりますが、詩のことばの①□□も、自分が訴《うった》えたいことがらについての〈a〉なことばをえらび、〈b〉に使うところにあります。美しくみせるための一行を書くのではなく、どうしても書かなければならないことを、書く〈a〉のあることを、ことばにするのです。一篇《いっぺん》の詩を書き終えたら、まだいいたりないところがあるか、または、〈c〉なことまで書いてあるかどうか、この二つをよく考えましょう。つぎに、ことばが、それに②□□□□場所にあるかどうか、その置き方を考え、もっと②□□□□ことばがあるかどうかも、考えましょう。詩は〈d〉してつくるものではありませんが、詩を組みたてることばについては、〈d〉が必要です。〈e〉を引いて、もっとよいことばがあるかどうかをさがす、ことばの使い方を学ぶ、その努力がないかぎりよい詩は書けないでしょう。美をつくりだすには、〈f〉的に美を感じる心に、〈g〉と〈h〉がプラスされなければなりません。さらに③□□□、愛の心が大切です。詩を書く人はことばを愛し、そのことばがもっとも④□□□□かたちに、ことばを生かして使う心をもちましょう。

（高田《たかだ》敏子《としこ》『詩の世界』より）

問一　ア～ウにあてはまることばを次の中から選び、それぞれ番号で答えましょう。

1. つまり　2. たとえば　3. では　4. でも

ア	イ	ウ

問二　――線部①「形の制限がない」に対して「形の制限」があるものは次のア～オのうちどれですか。ふさわしいものを二つ選びましょう。

ア　民話　**イ**　台本　**ウ**　短歌　**エ**　手紙文　**オ**　俳句《はいく》

参考

高田敏子（たかだ・としこ）
一九一四～一九八九　詩人。戦後ハルピンより引《ひき》揚《あ》げ、第一詩集『雪花石膏《せっかせっこう》』を刊行《かんこう》。朝日新聞家庭欄《らん》に詩を掲載《けいさい》して好評を博し、「お母さん詩人」「台所詩人」と呼ばれる。『月曜日の詩集』で武内《たけうち》俊子賞《としこしょう》、『藤《ふじ》』で室生犀星《むろうさいせい》詩人賞受賞。

問三　[あ]・[い]に入れるのに最もふさわしいことばを、次のア～エからそれぞれ選びましょう。

あ　ア　のびのびした　イ　せかせかした　ウ　あくせくした　エ　きびきびした

い　ア　冷静な　イ　謙虚《けんきょ》な　ウ　正確《せいかく》な　エ　優美《ゆうび》な

あ	い

問四　[う]に入る文として最もふさわしいものを、次のア～エから選びましょう。

ア　詩人は手先が器用だから、何でもないものを美しいものにつくりかえる

イ　詩人は、詩を書くときは必ず水を水晶の玉と表現する

ウ　水のような普通《ふつう》のものでも、詩人によって美につくりかえられる

エ　水のようなつまらないものも、詩人によって高価《こうか》な作品につくりかえられる

問五　――線部②「花をいけるとき、大きな目だつ花だけをえらびだしていけ、小枝や葉はあっさりすててしまう人」と、――線部③「またそうした葉や小枝、小さな花もあつめて、別の花びんにいけ、美をつくりだす人」の説明として最もふさわしいものを、次のア～カからそれぞれ選びましょう。

ア　日常《にちじょう》生活をいっさいかえりみないで、芸術《げいじゅつ》の世界のみに生きがいをみいだす人

イ　日常生活の細かいことがらまで美しいものとそうでないものとにていねいに区別する人

ウ　日常生活の中で目に見える美しいものだけを美しいと簡単《かんたん》にわり

きってしまう人

エ 日常生活の中で平凡《へいぼん》なものには目もくれないで自分の美だけを追求する人

オ 日常生活の中に入ってきた新しいものにすぐ親しみを感じる人

カ 日常生活のどんなにささやかなものについてもその良さを認《みと》めて生かす人

② ③

問六 ――線部Aの部分は「昔むかしの人」について述《の》べていますが、何を言うための例ですか。――線部A以外のところからふさわしい部分を七字で書きぬいて、次のような形で答えましょう。

七字 人間を言うための例

7

問七　次の文章は本文をまとめて説明したものです。6段落《だんらく》と読みあわせて、あとの問い⑴〜⑶に答えましょう。

　この文章は『詩の世界』という本の一部で、筆者の高田敏子さんは詩人です。この文章を通して筆者は三つのことを言っています。初めに詩人として詩をつくりあげるときの苦労をのべ、美しいことばを見つけることのむずかしさを訴《うった》えます。つぎにわたしたちの〈ⅰ〉にあるものをいくつか例にあげて①□□について説明しています。ここで、④□□□□姿を見せるもの、また⑤□□を持っているものは美しいと見、そうでないものはきたなく美しくないものと見ています。つづいて詩人としての立場にもどり、前の例と同様に詩のことばがもっとも④□□□□かたちでもっとも②□□□□□場所においてあるとき美しい詩が生まれ、さらにそういう美しい詩の心が③□□□□にむすびついていくとも言っています。その後は目を社会にむけ、過去《かこ》に人間のおかしたあやまちを指《し》摘《てき》したあとでこれからの人間の〈ⅱ〉に期待しています。あわせて今の若者に③□□□□をもって美しいものを見きわめる目と力をもってほしいと呼《よ》びかけています。そして最後に具体的に詩を書く姿勢《しせい》についてのべて、この文章をしめくくっています。

(1) 説明文中の――線部「過去に人間のおかしたあやまち」とは何ですか。本文中からふさわしい部分を十九字で書きぬいて、次のような形で答えましょう。

十九字　こと

(2) 6段落と右の説明文中の〈a〉～〈j〉に入ることばとしてふさわしいものを次のア～シから選び、それぞれ記号で答えましょう。（ただし同じ記号がくり返し使われているものには同じことばが入ります。）

ア　勉強　イ　経験《けいけん》　ウ　必要　エ　不必要　オ　修業《しゅぎょう》

カ　適切《てきせつ》　キ　知識《ちしき》　ク　良識　ケ　辞書　コ　雑誌《ざっし》

サ　身近　シ　感覚

a	f
b	g
c	h
d	i
e	j

(3) 6段落と、説明文中の空らん①～⑤に入ることばは何ですか。それぞれ指定された字数にあうように、本文中からさがして書き入れ、文章を完成させましょう。（ただし同じ番号がくり返し使われているものには同じことばが入ります。）

①	②
③	④
⑤	

2 次の文章を読んで、あとの問いに答えましょう。

1 二〇世紀《せいき》は「科学の世紀」と呼《よ》ばれるくらい、科学研究が大きく進歩した時代ですが、同時に、科学で発見された法則《ほうそく》や原理の技術《ぎじゅつ》化を通じて機械や道具が作られ、私《わたし》たちの生活に入り込《こ》み、社会を大きく変えてきた時代でもありました。典型《てんけい》的なものは、今世紀前半の電気・自動車、後半の原子力利用・石油化学工業・エレクトロニクスでしょう（飛行機やレーザーなどもありますが、社会に大きな影響《えいきょう》を与《あた》えたのは、先のようなものだと思います）。そして今後は、遺伝子《いでんし》操作《そうさ》を通じた生物（人間も含《ふく》む？）の改変ではないでしょうか。

2 このように、科学が、技術《ぎじゅつ》を通じて社会と強く結びつくようになったのが、二〇世紀の大きな特徴《とくちょう》であり、今後さらに強まっていくと思われます。①そのような時代に生きる私たちは、科学・技術・社会の間の関係をしっかりと把握《はあく》しておく必要があるでしょう。

3 まず、科学の技術化までの時間が非常《ひじょう》に短くなり、社会にどのよ

参考

文中に出てくることば

典型的＝最もその特質がよく表れているもの。

今世紀＝この文章では、二〇世紀のこと。

遺伝子＝親の体質や性質を子孫に伝えるための物質。

把握する＝文字通りの意味は「にぎりしめること」ですが、そこから転じて「しっかり理解すること」も意味します。

うな効果《こうか》を及《およ》ぼすかを考えるひまがないまま、どんどん科学の成果が生活に入り込んできているという問題があります。その典型は原子力で、原子核《かく》の中の力や構造《こうぞう》が明らかにされてから一〇年も経《た》たないうちに、原子爆弾《ばくだん》が開発されました。マンハッタン計画という、政府《せいふ》や軍が組織《そしき》したはじめてのビッグ・プロジェクトによって進められたためでしたが、一般《いっぱん》の人々が原理や威力《いりょく》を知らない間に、核の時代がもたらされたのです。さらに、水爆の開発・原子力発電と、原子力エネルギーの利用は加速され、私たちがそれを選んだわけでもないのに、核と向き合ってくらさざるを得《え》ないわけです。遺伝子操作についても、②同じ道をたどりそうな気配です。

（池内了《いけうちさとる》『科学の考え方・学び方』より）

問一 ――線部①「そのような時代」とは、どのような時代のことですか。三十字以内で答えましょう。

参考

文中に出てくることば

原子核＝物質の最小の粒《りゅう》子《し》である「分子」を構成する「原子」の中心となるもの。

池内了（いけうち・さとる）一九四四～　天文学者、宇宙物理学者。科学・技術・社会についての発言も多く、一般向けの科学読み物の著者《ちょしゃ》としても知られる。『お父さんが話してくれた宇宙の歴史』で日本科学読物賞《よみものしょう》、産経《さんけい》児童出版《しゅっぱん》文化賞、『科学の考え方・学び方』で講談《こうだん》社《しゃ》出版文化賞、産経児童出版文化賞受賞。

問二　——線部②「同じ道」とありますが、具体的にどのようなことと「同じ」だと言っているのですか。五十字以内で説明しましょう。

参考

問一への対応《たいおう》

指示語《しじ》の問題ですから直前の内容をまとめます。「どのような時代のことですか」と聞かれていますので、文末は「〜時代。」とまとめればよいでしょう。特に指定がありませんので、句読《くとう》点も字数に入れて、三十字以内です。

問二への対応

つまり、「遺伝子操作」が、何と同じ道をたどるのか？ということです。

問三　筆者の言いたいことを簡潔《かんけつ》に五十字以内でまとめましょう。

34 説明的文章（2）

解答 243ページ

では次に、**分析《ぶんせき》型**の説明的文章を読んでみましょう。説明的文章は、分析型であれ意見型であれ、「〜とは何か?」「〜のはなぜか?」「〜にはどうすべきか?」といった「問い」に「答え」を出そうとするもので、そこには必ず「根拠《こんきょ》」を伴《ともな》います。ただし、この「問い」は明示されるとは限《かぎ》りませんので、自分なりに文章から「問い」を引き出す練習が必要です。

1 次の文章を読んで、あとの問いに答えましょう。

[1] 日本人は「［①］」を見て「森」を見ようとはしないところがあるのか。全体のことはあまり気にしないのに、部分についてはひどくやかましい。ことばについてもそういう局部潔癖症《けっぺきしょう》ともいうべき傾向《けいこう》が認《みと》められて、文字や単語についてはこまかい点を問題にするけれども、文章とか［②］については安外、無関心である。

[2] いまもっとも大きく変化しているのは、これまであまり注意されないできた、その「森」に当たることばである。話し方が様変《さまが》わり

参考

文中に出てくることば

潔癖症＝清潔へのこだわりが度を越している状態。

しているのである。まず早口、うっかりするとついていけないほどだ。そして大声。いずれも昨今《さっこん》のことではないが、新しい日本語だと見てよい。ことに女性《じょせい》のことばにいちじるしい。

3 話すときは男ことばと女ことばが別々なのが日本語の特色であるが、両方の差が少しずつ小さくなりつつあるのは注目される。これを乱《みだ》れと感じる向きもある。また、口語《こうご》体がこれまでよりも大きな役割《やくわり》を果たすようになってきた。口語体の短歌が人気をあつめたのもそのあらわれだが、うまく話したい、ことばづかいが上手になりたいと願う人がふえたのも見のがせない。

4 つぎつぎと新しいことばが生まれ、造《つく》られている。カタカナが多いけれども、多すぎる、とか、日本語があるのになぜ外来語をふりまわすのか、といったかつての批判《ひはん》がすっかり「③」をひそめてしまった。むしろ、カタカナ語、外来語は日本の文字で表されているのだから、日本語であるという見方が強くなってきた。

5 かわって目立つのがアルファベットの組み合わせと外国語そのものである。雑誌《ざっし》の誌名、商品名、企業《きぎょう》名などで急増《きゅうぞう》している。こ

参考

文中に出てくることば

口語体＝文語体に対して、現代の話し言葉に近づけた文章のスタイル。

れこそ「外来語」というべきだが、いまのところ反発らしいものがないのは不思議なくらいである。日本語は目下《もっか》、『国際化《こくさい》』中ということかもしれない。

6 近ごろファジー（「あいまい」）ということばをよく見かける。工学の専門理論《せんもんりろん》の用語であるが、家電製品《せいひん》に応用《おうよう》されて急に一般《いっぱん》化した。ファジーはコンピューターのような機械にとってもっとも高度な能力《のうりょく》だとされる。④現代《げんだい》の日本語は、そのファジー度の高い、したがって、たいへん⑤人間的な言語だということもできる。

（外山滋比古《とやましげひこ》『ことばの風景』より）

問一 ［①］に入ることばを、次のア～オから一つ選びましょう。

ア 葉　イ 枝《えだ》　ウ 木　エ 根　オ 林

参考

外山滋比古（とやま・しげひこ）

一九二三～二〇二〇　英文学者・評論家《ひょうろんか》。専門の英文学のほか、日本語論など幅広《はばひろ》い分野で活躍《かつやく》。著書《ちょしょ》『思考の整理学』はロングセラーとなり、今も読み継《つ》がれている。

問二　［②］にあてはまる五字以内のことばを本文中からさがし、書きぬきましょう。

問三　[1]段落には、漢字をまちがって使ったところが一か所あります。まちがった漢字をぬき出し正しく書き直しましょう。

↓

問四　［③］に入ることばを、次のア～オから一つ選びましょう。

ア　眉《まゆ》　イ　影《かげ》　ウ　姿《すがた》　エ　声　オ　耳

参考

問二への対応《たいおう》

［②］をふくむ一文に注目しましょう。ことばについて、「文字や単語」のような細かい点とは対照的なものとして、「文章」と［②］が挙げられています。つまり、ことばの部分（＝［①］）ではなく全体（＝森）に当たるもの、ですね。

問五　――線部④「現代の日本語」の特色について、本文中の内容《ないよう》とちがうものを、次のア～オから一つ選びましょう。

ア　早口になり、大声で話すようになってきた。それは特に女性のことばに多い。

イ　話すときの男ことばと女ことばとの差が小さくなってきた。

ウ　最近の短歌に見られるように、口語体が活用される機会が増《ふ》えてきた。

エ　カタカナ語、外来語も日本語であるという見方が強くなってきた。

オ　アルファベットを組み合わせた雑誌名、商品名なども日本語であると見られるようになってきた。

問六　――線部⑤「人間的な」とありますが、ここではどういう意味で現代の日本語が人間的なのですか。最もふさわしいものを、次のア～オから一つ選びましょう。

参考

内容合致《がっち》の問題への対応

課題文全体の趣旨《しゅし》に、選《せん》択肢《たくし》が合っているか・いないかを問うのが、内容合致の問題です。この問六は一見すると、傍線部《ぼうせん》の前後の部分を問うているように見えますが、「どういう意味で現代の日本語が人間的なのですか」という問いは、課題文全体の趣旨を問うていると考えられますので、内容合致問題として取り組みましょう。内容合致問題は消去法が基本ですので、この設問《せつもん》も消去法で対応すれば能率《のうりつ》よく解《と》けるでしょう。

ア　より良いことばをめざして、たえず積極的に新しいことばを生み出していく。

イ　これまでのわくにとらわれず、新しく生まれたことばを受け入れてことば全体が変化していく。

ウ　時代や場所が変われば、ことばをそれにふさわしいものに変化させていく。

エ　伝統《でんとう》や常識《じょうしき》に左右されず、新しい感覚にみちたことばにおきかえていく。

オ　日本、外国ということにこだわらず、同じ人間が話すものという基《き》準《じゅん》でことばをとらえていく。

第5章 随筆《ずいひつ》

35 随筆《ずいひつ》（1）

解答 244ページ

随筆《ずいひつ》は、**個人的な体験**をつづりながら、そこから**心で感じたこと**を表《ひょう》現《げん》する、文学的文章です。実際《じっさい》にあったことを述《の》べる点では説明的文章と重なりますが、「問い」や「答え」をふくむとは限《かぎ》りません。意味段落《だんらく》分けや要約は、「体験」と「印象《いんしょう》」に分けて整理すればよいでしょう。

1 次の文章を読んで、あとの問いに答えましょう。

1 肩車《かたぐるま》が好きだった。父によく ア せがんだ。 イ 背《せ》を向けて、父がかがみこむ。わたしは父の頭に手をしっかりのせて、両脚《りょうあし》を肩にかける。気をつけなければならないのは立ち上がるとき。わずかに父の両肩のバランスがくずれる。そのバランスのくずれをうまくウしのがねばならない。立ち上がってしまえば、あとは大丈夫《だいじょうぶ》だ。わたしはもうだれよりも高いところにいる。わたしは巨人《きょじん》だ。①ちっちゃな巨人だ。わたしの見ているものは、ほかのだれにも見えないものだ。父さえ見ることのできないものだ。

2 肩車に乗ると、頭が屋根の上に出た。平屋《ひらや》の多かった昔、軒《のき》は低く、屋根はずっとA広々としていた。

3 肩車の上から見える屋根がわらは青みがかった灰色《はいいろ》に沈《しず》んでいて、真新しい石板《せきばん》のようにBきれいだ。屋根から上には、いつもふしぎな静けさがあった。どんな騒《さわ》がしさも、屋根より上には決して届《とど》かない。手を伸《の》ばせば、その静けさがつかめそうだった。手を伸ばした。ずっと伸ばした。②そして、つかんだ。静けさをひとかけら。

4 おさないころの記憶《きおく》というのは、思い出すとなつかしく、そしてふしぎだ。肩車が好きだった幼《おさな》い子供《こども》は、かつての父より大きくなった今も、幼いころの肩車の上の世界をはっきりと覚えている。

参考

文中に出てくることば

平屋＝一階建てでできている建物。

幼いわたしに、例えば屋根の上に広がっていた静けさが、ほんとうに「　」としてわかったのだろうか。そうは思えない。それでいて、わたしの手のひらには、あのとき肩車の上で一瞬《いっしゅん》つかんだひとかけらの静けさの感触《かんしょく》が、今もあざやかに残っている。あの青みがかったきれいな灰色の屋根の色も。

5　幼いころのことで覚えているのは、あとになってみれば、どれも③たわいない何でもないようなことばかりだ。④ありふれた小さなこと。何げない日々のしぐさ。ふるまい。感覚の切れっぱし。そうしたいくつかの印象《いんしょう》の断片《だんぺん》が、けれども、大きくなればなるほどにいっそう確《たし》かになり、動かせないものになる。そのことがときどきひどく恐《おそ》ろしいことのように感じられる。⑤一人の感受性《せい》の形を決定的にするのは、おおぎょうな出来事なんかじゃない。ありふれたなんでもない日々の出来事が、思わず語り出すようなことば。そのことばをどのように聴《き》きとったか、ということなのだ。

6　どうした。手を放すと危《あぶ》ないぞ。父の声がする。肩車の時代。巨人の時代。肩車から降《お》りてしまったあと、わたしはもう⑥二度と、屋根より高い巨人になることはできなかった。

（長《おさ》田弘《だひろし》『肩車』より）

問一　――線部ア「せがんだ」イ「背を向けて」ウ「しのがねばならない」について、それぞれ誰《だれ》の動作ですか。文中のことばで答えましょう。

ア	
イ	
ウ	

参考

長田弘（おさだ・ひろし）

一九三九～二〇一五　詩人・評論家《ひょうろんか》。やわらかく、わかりやすい言葉で、本質的なことを語るスタイルが、今も多くの読者の心をつかんでいる。詩集『記憶《きおく》のつくり方』で桑原《くわばら》武夫《たけお》学芸賞《しょう》、『世界はうつくしいと』で三好達治《みよしたつじ》賞、『奇跡《きせき》―ミラクル―』で毎日芸術賞を受賞。評論やエッセー、児童文学、翻訳《ほんやく》なども数多く手がけた。

問二　――線部①「ちっちゃな巨人だ」について、巨人には〝背が高くからだも大きい人〟という意味がありますが、ここではなぜちっちゃな巨人と言っているのですか。わかりやすく説明しましょう。

問三　――線部Ａ「広々と」Ｂ「きれいだ」の二語を使って一つの短文を作りましょう。

問四　——線部②の中で「静けさをひとかけら」と表現《ひょうげん》した作者の気持ちは、次のア〜ウのどれだと考えられますか。最もふさわしいものを選びましょう。

ア　あるかないかわからないほどのかすかな静けさであるから、ひとかけらと表現した。

イ　手の中に、ひとつ形のあるものをつかむことができたから、ひとかけらと表現した。

ウ　肩車して見える世界が屋根の広がりで、かけているように見えたから、ひとかけらと表現した。

問五　4段落《だんらく》の「　　」にはとても大切なことばが入ります。文中より三字をぬき出して答えましょう。

問六　――線部③「たわいない」④「ありふれた」の意味は次のア～ウのどれですか。

③たわいない……ア　忘《わす》れてしまいたい
　　　　　　　　イ　かわいげのない
　　　　　　　　ウ　とるにたりない

④ありふれた……ア　とても大切にしている
　　　　　　　　イ　どこにでもある
　　　　　　　　ウ　はっきりと手につかむ

③　　　④

問七　――線部⑤について、「一人の感受性の形を決定的にする」のは何なのですか。文中の言葉を用いて説明しましょう。

問八　——線部⑥と同じ働きの「もう」を、次のア〜エから二つ選びましょう。

ア　もう間に合わない。

イ　お菓《か》子《し》はもうありません。

ウ　もう来るだろう。

エ　もう一つください。

2 一九八〇年代に書かれた次の文章を読んで、あとの問いに答えましょう。

1 ソビエトでは、男の人も女の人も、一歩家を出る時は必ず、買い物袋《ぶくろ》を持って行く。どうしてかというと、いつなんどき、自分の欲《ほ》しいものが売りに出されるか分からないからなのだそうだ。

2 ソビエトでは、街を歩いていて行列ができていると、人は必ず、とにかくその列の一番後ろに並《なら》ぶという。何のための行列だか分からなくても、まず並ぶのだそうだ。

3 その列は、リンゴの売り出しのための列かもしれない。牛肉の列かもしれない。トイレットペーパーの列かもしれない。とにかく並んでみて、自分が欲しいものであったならば、例のいつも持ち歩いている買い物袋をひっぱり出して、その品物を買うというわけである。①こういう時のために、ソビエトの人はいつも買い物袋を持って歩いているのだ。

4 この買い物袋のことを、ロシア語では「アボシカ」という。そし

参考

ソビエト
ロシアをふくむユーラシア大陸北部を占《し》めた、世界最初の社会主義《しゅぎ》国であるソビエト連邦《れんぽう》のこと。一九一七年の三月革命《かくめい》で帝政《ていせい》ロシアが倒《たお》れたあと、十一月革命によって建国。一九二二年に複数《ふくすう》の共和国からなる多民族国家として成立し、一九九一年に解体《かいたい》。その領土《りょうど》の大半が現在のロシア連邦となっている。

てこのアボシカの本来の言葉の意味は「もしかしたら……」という意味なのだそうだ。②なかなかしゃれている。

5　私《わたし》はこの話を聞いた時、ふと自分自身の日常生活を考えた。

6　もちろん、出かけるごとに買い物袋を持って行く……などということはしていない。たとえ出先で何かを急に買ったとしても、日本では、その品物は袋に入れてわたされるから、その必要性《せい》もないのである。

7　確《たし》かに便利ではあるけれど、私たちは、こうした③行き届《とど》いた暮《く》らしの中で、少しずつ、何かを忘《わす》れてしまっているような気がする。

8　もしかしたら、心が洗《あら》われるような音楽に出会うかもしれないし、人生を変えてしまうような本に出会うかもしれない。考え方を改めるような映画《えいが》に出会うかもしれないし、心のよりどころとなるような人に出会うかもしれない。涙《なみだ》ぐむような光景に出会うかもしれないし、力強い言葉に出会うかもしれない。どんなものにぶつかるか、私たちは何も知らずに生きているのである。

9　はたして私たちは、そんな大切なものに出会った時、それを自分

参考

日本の買い物袋

この随筆が書かれた当時は、エコバッグを持参するというような習慣《しゅうかん》は、日本にはまだほとんど定着していませんでした。

のものにしてしまえるような買い物袋を持っているだろうか。

10 せっかくいいものに出会うことができても、それを自分の心の中にとり込《こ》まない限《かぎ》りは、ただの「いいもの」で終わってしまう。自分の心で感じ、自分の頭で考え、それを自分の糧《かて》にしなければ、何にもならないのである。

11 品物は、確かに袋に入れてわたしてくれる。けれども、心が欲《ほっ》する何かは、むき出しのまま、ポンと私たちの前に落ちるだけである。それを入れる袋は、私たち自身の心の中にしか存在《そんざい》しえないものだ。だれかが袋をくれるわけでもない。拾ってくれるわけでもない。自分で拾って、自分の袋に入れるしか方法はないのである。

12 ④心のどこか片隅《かたすみ》に、いつも「アボシカ」を持って生きていたいと思っている。

（神津《こうづ》カンナ『胸《むね》いっぱいの愛を』より）

問一　――線部①「こういう時」とありますが、どういう時のことですか。二十字以内で答えましょう。

参考

文中に出てくることば

糧＝生き生きと活動するためのもとになるもの。力のみなもと。

片隅＝すみのほう。

神津カンナ（こうづ・かんな）

一九五八～　エッセイスト、コメンテーター。作曲家の神津善行《よしゆき》、俳優《はいゆう》の中村メイコの長女。著書《ちょしょ》『親離《おやばな》れするとき読む本』は、体験的家族論《ろん》として注目され、ベストセラーに。執筆《しっぴつ》の他、テレビ・ラジオ出演でも知られる。

問二　――線部②「なかなかしゃれている」とありますが、「アボシカ」という名前のどんな点が「しゃれている」と感じたのでしょうか。五十字以内で答えましょう。

参考

問一への対応《たいおう》

「どういう時のことですか」と聞かれていますので、文末を「〜時。」で終わらせましょう。課題文中の解答《かいとう》にあたる記述《きじゅつ》を確定《かくてい》したうえで、形を整えてください。

記述《きじゅつ》問題への対応

設問《せつもん》をよく読んで、課題文中のどこが答えに相当するか確定してから、字数や答えの形にあわせて文章を整えましょう。必要であれば自分の言葉をおぎなってください。

問三 ――線部③「行き届いた暮らし」とありますが、どこのどのような暮らしについてそう言っているのですか。具体的に四十字以内で答えましょう。

問四 ――線部④「心のどこか片隅に、いつも「アボシカ」を持って生きていたいと思っている」とありますが、これはどのような思いを言ったものですか。わかりやすく六十字以内で答えましょう。

参考

問四への対応

この課題文は、[1]～[4]段《だん》落《らく》がソビエトで体験したこと、[5]～[12]段落がその体験から感じたこと、という構成《こうせい》になっています。傍線《ぼうせん》部は最終段落に出てくる言葉ですから、[5]～[12]段落の中で、最も大切な箇所《かしょ》をまとめれば、それがそのまま解答になるでしょう。

随筆《ずいひつ》は文学的文章ですが、中には**学問的な関心**をふくんだ随筆も存在《そんざい》します。内容的にはかなり説明的文章に近づきますが、それでも随筆である以上、いちばんの話題は、体験や事実から心で感じたことでしょう。

1 次の文章を読んで、あとの問いに答えましょう。

[1] この夏のこと、ある日、私《わたし》は小海《こうみ》線の野辺山《のべやま》駅で小諸《こもろ》に行く列車を待っていた。日ざしが強く、風がない。コスモスの花々はそよとも動かず、しめりのある空気がねばりついてくる感じだった。

[2] プラットホームの柱にかかっている寒暖《かんだん》計を見たら、摂氏《せっし》二五度だった。真夏の二五度はむしろ低い温度のはずだったが、私はこの日まで十日ばかり、駅から十数キロの山荘《さんそう》にいて、山のすずしい気候にからだがなれていたので、標高差四〇〇メートル余《あま》りを下りてきた駅周辺の気候を暑く感じていたのだった。山の家では暑い日でも二十度になることはなく、空気はもっとかわいていて、それに、

参考

文中に出てくることば

小海線＝ＪＲの鉄道路線。

野辺山駅＝長野県の八ケ《やつが》岳《たけ》・野辺山高原にある駅。標高一三四五・六七メートルで、ＪＲの駅の中では最も高いところに位置する駅です。おしゃれな洋風建築の駅舎《えきしゃ》で知られています。

小諸＝長野県にある地名。

いつでもいくらかは風があった。

——いやあ、暑いなあ、下界は。

3 声を出さずぼやいているところに、列車が入ってきた。若《わか》い女性《じょせい》が三人降《お》りてきた。

「うわあ、すずしい！」

「ひやあ、すずしいわあ！」

4 口々に叫《さけ》んでいる。①私は思わず彼女《かのじょ》たちの顔をながめてしまった。

——そうか、すずしいのかあ。

なんだか急に②おかしくなって、笑い出しそうだった。もしも私が、おじょうさん方よ、あなたたちがすずしいと叫ぶのはまちがっている、現《げん》に私はこんなに汗《あせ》をかいている、ここはすずしいのではなく暑いのですぞ、と言ったとしたら、彼女たちはどんな顔をするであろうか。

5 彼女たちがすずしいと叫ぶのはもちろんうそではない。東京あたりからやって来たのだろう。野辺山の涼《すず》しさに感激《かんげき》しているのだ。

私が暑い暑いとぼやいていたのもうそではない。同じ時、同じ場所の気候を一方はすずしいと言い、もう一方は暑いと正反対のことを言う。どちらかがまちがっているわけではなくて、どちらも正しい。それが私に、おかしかったのだ。

――真実はやっぱり一つではないなあ。真実は二つある。いや、いくつもある。

6 などと、すこし（　A　）感想もわいてきたものだった。もしも私が、君たちがすずしいと言うのは正しくないから暑いと訂正《ていせい》したまえ、と彼女たちにせまったら、それは彼女たちの真実を圧殺《あっさつ》することになる。逆《ぎゃく》に彼女たちが、オジサンは暑いと言うけれどそんなことはうそです、ここは明らかにすずしいのです、と三人（　B　）をそろえて私を責《せ》めるとしたら、それもまた一つだけの真実を守ろうとする偏狭《へんきょう》さになるだろう。

7 目の前の男がそんなことを思っていたとは知るわけのない彼女たちが、笑い出しそうになっていた私に「ヘンなやつ」といった一瞥《いちべつ》をくれて去ったあと、私は小諸行きの列車に乗りこんで、その日はいよいよ暑くなる気温にふうふう言っていた。

8 それにしても、今年の夏は暑かった。会う人ごとに暑い暑いと（　B　）にしていた。私は山の家にいて暑さ知らずの日もあったが、旅先の炎天下《えんてんか》の道をあせだくで歩いていた日もかなりあれば、東京の家であせをしたたらせて本を読んだり原稿《げんこう》を書いたりしていた日も多かった。

9 ただし、その暑さはたいてい不快《ふかい》ではなかった。

10 砂漠《さばく》のような高温地帯ではどうかわからないが、風という自然の中ではかなりの暑さも気にならない。

11 ①しかしそれでも、風の流れているところでは暑さのわりには不快感が少ない。②そのうち汗はひくのだが、今度はいやな寒さだ。③東京のような大都会の町の夏は近ごろは冷房《れいぼう》の排熱《はいねつ》や車からの排熱などでひどく暑い。④ほそう道路の照り返しもある。⑤私だけのことだろうか。⑥そういう町を歩いた後に、冷房のきいたビルに入ったとたん、汗をじっとりとかく。⑦真夏の日ざしの町を歩いているときよりも、エアコンのビルに入ったときのほうが、私には不快だ。

12 ビルのなかには風が流れていない。エアコンからの冷風の一定のふき出しがあるだけだ。風という自然が、そこにはない。

13 私の書斎《しょさい》にもエアコンを備《そな》えてはいる。だが、備えてから五年間、運転したのは十回にもならない。大窓《まど》小窓合わせて四つの窓を全開して風を入れていると、本だなに置いている寒暖計が三十六度とか三十七度に上がる日は何日もあったけれども、それほど苦にはならなかった。汗がひどくなれば水のシャワーをさっとあびる。

14 今の私たちのくらし方は、（　C　）を拒否《きょひ》しているようだ。ビルも住宅《じゅうたく》も金属《きんぞく》サッシで外の風の侵入《しんにゅう》を防《ふせ》いでいる。自動車も夏冬は冷暖房《れいだんぼう》のために閉《し》め切っている。新幹線《しんかんせん》も特急列車も、窓は最初から開けられない造《つく》り方になっている。

15 自然、と言うとき、緑や花が（　B　）にされ、川や海が語られ、大気の汚染《おせん》度も気にかけられているけれども、風という自然はあまり語られない。台風のときにようやく、風が自然であることを思いだすくらいだ。

16 だが、とりわけ大切な自然の代表とされる緑にしても、木々の緑が来る日も来る日もそよとも動かないとしたら、こんな（　Ｄ　）ものはないだろう。木の葉が美しいのは、また、やすらぎを与《あた》えてくれるのは、木の葉が風にそよぐからである。花にしても、たとえばコスモスが風にゆれているからこそ私たちをひきつけるのだ。花が石像《せきぞう》のように動かなかったら、花はほんとうに美しいであろうか。

17 私はこのごろ山や高原で木をだき、幹《みき》に耳をつけて木のなかの水の音をきいていることがある。ひとかかえもある木が、だいてみると実は、ゆっくりとゆれている。風にゆれながら木々は生きているのだ。

（高《たか》田《だ》宏《ひろし》『風という自然』より）

参考

高田宏（たかだ・ひろし）一九三二～二〇一五　作家、編集者《へんしゅうしゃ》。ＰＲ誌《し》の編集長ののち文筆専業《せんぎょう》となる。歴史《れきし》小説のほか、自然をテーマにした随筆や紀行《きこう》文を数多く手がけた。『木に会う』で読売《よみうり》文学賞《しょう》受賞。

問一　――線部①で、「私」が彼女たちの顔をながめた理由として最も適《てき》当《とう》なものを、次のア～エから選びましょう。

ア　彼女たちが口々に叫んだので、さわがしいと思ったから。

イ　彼女たちが若くて、目立つ様子をしていたから。

ウ 日ざしが強いのに、すずしいなどと言われ、いやな気がしたから。

エ 彼女たちから思ってもいなかった言葉を聞いて、おどろいたから。

問二 ——線部②の「おかしくなって」について、筆者はなぜおかしくなったのですか。その理由を八十字程《てい》度《ど》で書きましょう。

問三 （Ａ）（Ｄ）にあてはまることばとして、最も適当なものを次のア～オからそれぞれ選びましょう。

ア きれいな　イ すてきな　ウ しずかな
エ まじめな　オ ぶきみな

A

D

問四　11段落《だんらく》は文の順序《じゅんじょ》が入れかわっています。正しい順序にならべかえ、その番号を書きましょう。ただし、⑤の文が五番目、②の文が七番目にきます。

問五　三つの（　B　）のどれにもあてはまる最も適当なことばを漢字一字で答えましょう。

問六　（　C　）にあてはまる最も適当な六字の語句《ごく》を文中からそのまま書きぬきましょう。

参考

文章整序《せいじょ》問題への対応《たいおう》

各文の接続《せつぞく》語や指示《しじ》語を手がかりとして、解《と》いてみましょう。

問七　次の文をある段落の最後に入れるとすると、どの段落に入りますか。段落番号で答えましょう。

たぶん、風のおかげである。

問八　次の文は、植物に対する筆者の考えを述《の》べたものです。次の（１）（２）にあてはまる最も適当なことばを文中からそれぞれ五字以内で書きぬきましょう。

植物は、風に（　１　）状態《じょうたい》がもっとも美しく、またそれが（　２　）な姿《すがた》である。

1

2

第6章 物語

37 物語（1）

解答 248ページ

物語には、「ぼく」や「わたし」が語り手となる**一人称**《いちにんしょう》の形式と、作者自身が語り手となる**三人称**《さんにんしょう》の形式があります。語り手である登場人物の視点《してん》によりそって物語が進行し、語り手の心の動きを追体験できる点に、**一人称**の面白さがあります。さっそく読んでみてください。

1 次の文章を読んで、あとの問いに答えましょう。

1 みじめだった。死んでしまいたくなるほどわびしく、天地が暗く感じられた。長い道のりをとぼとぼ帰り、家にたどりつくと母がきいた。

「　A　」

2 その一言で、胸《むね》が張《は》りさけんばかりになった。熱い[a]がふくれ上がって、どうにもがまんができなくなった。私《わたし》は母に抱《だ》きついてしゃくりあげた。

「　B　」

と、母がきいた。私は泣きながら、頭をたてに動かした。すると母が私を突《つ》きはなし、

「　C　」

と、きつい調子で言った。

「誰《だれ》ね、誰がやったと。」

「本田……。」

「どこの人？」

「刃連《ゆきい》。」

「どのくらい上の。」

「……。」

「何年生？」

参考

文中に出てくることば

刃連＝大分県日田《ひた》市の地名。

「同じクラス。」

「何――同じクラスのもんに、そげな負け方をしたんね。だらしがない。」

「だって相手は何人も。」

「男が、けんかに負けて、泣いて帰ってどうするね。そんな弱虫を家に入れるわけにはいきません。」

[3] 母は私の手からカバンをひったくり、外に突き出した。

「 D 」

「……。」

「勝ってきなさい。勝って泣かずに帰ってきなさい。それまで家には入れません。」

[4] 戸をぴしゃりと閉《し》めてしまった。

[5] 私はさらにみじめになった。なぐられたところがはれ、ずきん、ずきんと痛《いた》むし、おまけに闘志《とうし》をなくしていた。本田と体をぶつけ合ったことで、腹《はら》の中にたまっていた[b]が消えているのである。すでにかれは憎《にく》くはなかった。

6 ①私はのろのろと歩き始めた。本田の家は、学校の向こうにあった。そこまで歩いて行かねばならない。会所宮《よそみや》の神社に腰《こし》をかけて、しばらくじっとしていた。社殿《しゃでん》を囲《かこ》んでいる巨木《きょぼく》の梢《こずえ》を、風がゆすった。

7 すでに本田と闘《たたか》う理由が見つからなかった。呼《よ》び出していきなりなぐりつけたら、相手はどんな顔をするだろうか。しばらくはハトが豆鉄砲《まめでっぽう》をくらったように、ぼんやりしているのではないだろうか。考えているうちに、自分に②超能力《ちょうのうりょく》があればいいと思うようになった。本田の家に行って、

「おい、ちょっと顔を貸《か》せ。」

と、呼び出しをかける。出てきたところを、二本の指で首筋《くびすじ》をつかんでぶら下げる。本田はもがく。

「苦しいよう。はなしてくれよう。」

「ふん。」

「死んじゃうよう。」

「へん。」

「悪かった。ぼくが悪かったよう。かんべんして下さい。」

「どうだ、思い知ったか。」

「はい、もう、悪いことはしません。許《ゆる》して下さい。」

8 考えているうちに、本当にそういうことができるような気がしてきた。すると身内に闘志がわいてきたし、指の先にまで新しい力があふれてくるのだった。

9 本田の家は山を背《せ》にして建っていた。道よりかなり高い所にあり、石段《いしだん》を登っていくようになっている。その石段の下で、③私は夢《ゆめ》からさめた。どう力《りき》んでみたって、人間を指でつり下げるほどの超能力は自分には与《あた》えられていなかった。呼び出してけんかをするとなると、こちらもなぐられるだろうが、相手の肉もうつことになる。血も流れるだろうし、肉と肉がぶつかっていやな音をたてるだろう。けんかなんて生ぐさくわずらわしいことに思えた。

10 陽は西に傾《かたむ》いていた。盆地《ぼんち》の空を埋《う》めている麦の緑を波立たせ、夕べの風が通り過《す》ぎて行った。野良《のら》仕事から帰ってきた男が、私をじろりと見て、牛をひきながら石段を登って行った。本田の兄さん

参考

文中に出てくることば

野良仕事＝田畑に出てする仕事、農作業のこと。

にしては齢《とし》をとり過《す》ぎているし、父親にしては若《わか》すぎる齢かっこうだった。

[11] ④私はどきりとした。くちびるが乾《かわ》いた。男は私が立っていることを本田に報《しら》せるに違《ちが》いなかった。そうなればけんかを始めなければならない。

[12] 案の定、本田が石段の上に現《あらわ》れた。

「やあ。」

[13] 本田は半ば照れた、人なつこい笑《え》みを浮《う》かべていた。学校では見せたことのない、[c]だった。私はまぶしそうに目をしばたたいた。

「上がってこんかい。」

とかれがやさしく誘《さそ》った。私はなぜかほっとし、石段を登った。二人は肩《かた》を並《なら》べた。

[14] 下からでは見えなかったが、本田の家の庭は広かった。何家族かいっしょに住んでいるのだろう、小さな子供《こども》たちがかけまわっていた。先ほど見た牛が庭の端《はし》につながれていた。若い男が、わらで編《あ》

んだたわしで、水をかけながら、牛の体を洗《あら》っていた。二人は並んで、そのようすをじっと見ていた。牛が顔を上げると、目に落日がとびこんで燃《も》えるように輝《かがや》いた。

「痛むかい。」

と、本田がきいた。

「ううん。」

⑤私はかぶりを振《ふ》った。とたんに首筋がずきりと傷《いた》んだ。本田はすまなそうに、

「ごめんな。」

「いや。」

「中山がやれと言ったもんだから。」

15 中山は、本田と同じ刃連町に住む同級生だった。顔の色が病的に白く、くちびるが赤かった。手のつけられぬあばれん坊《ぼう》であることは、転校した翌日《よくじつ》に聞いて知っていた。同じ年代の少年たちのボス的存在《そんざい》だった。力も強かったけれど、性格《せいかく》に乱暴《らんぼう》なところがあるので恐《おそ》れられていた。自分の意に染《そ》まぬ子がいると、とことんやっつ

けるのである。

16　その中山に命じられたので、本田は私に竹刀《しない》のつばを投げつけたのだと言った。本田は一対一で会うと、気の弱い、だれとも仲よくしたいと願う善人《ぜんにん》であった。

17　洗い終えられた牛が牛舎《ぎゅうしゃ》につながれるのを機に、私は家路についた。家に帰りついたのは、暗くなってからである。電灯の明かりが、非常《ひじょう》に白く、まぶしく感じられた。

18　私は黙《だま》って食卓《しょくたく》についた。母も質問《しつもん》をしなかった。お互《たが》いに無言で食事をすませ、食事の後すぐに私は寝床《ねどこ》にもぐりこんだのだが、⑥なんだか大人になった気がした。

（畑正憲《はたまさのり》『ムツゴロウの少年記』より）

参考

畑正憲（はた・まさのり）

一九三五～　動物文学者、随筆家《ずいひつか》。学習研究社で動物記録映画《えいが》を制作《せいさく》したのち独立《どくりつ》。北海道で広大な土地を借り、ムツゴロウ動物王国を建てる。『われら動物みな兄弟』で日本エッセイスト・クラブ賞《しょう》受賞。

問一「Ａ」～「Ｄ」にあてはまることばを、次のア～オからそれぞれ選びましょう。

ア 家の中に入りなさい。　**イ** 泣くもんがあるね。

ウ どうしたのね。　**エ** もう一回行ってきなさい。

オ けんかしたんね。

Ａ	Ｂ	Ｃ	Ｄ

問二 [a]～[c]にふさわしい語《ご》句《く》を、次のア～カからそれぞれ選びましょう。

ア 親しげな表《ひょう》情《じょう》　**イ** いじわるそうな表情

ウ 怒りのかたまり　**エ** 感情のかたまり

オ にやにやしたようす　**カ** 痛みのかたまり

a	b	c

参考

問一への対《たい》応《おう》

直前・直後の記《き》述《じゅつ》から判《はん》断《だん》しましょう。

問三　——線部①「私はのろのろと歩き始めた」とありますが、それはなぜですか。その理由を書いた次の一文の□にふさわしい漢字を文中から選んで入れ、文を完成させましょう。

『もう相手に対する□《ア》しみも消え、闘う□《イ》□も見つからなかったのに、母にしかられて、ふたたび□《ウ》□を燃《も》やして、したくもないけんかをして□《エ》って泣かずに帰ってくるため、いやいやながら遠い□《オ》□の家まで歩いて行かねばならない、それは□《カ》の重いことだから。』

ア	イ
ウ	エ
オ	カ

問四 ――線部② 「超能力」 とありますが、この場合どんな能力のことをいうのですか。四十字以内で説明しましょう。

問五 ――線部③ 「私は夢からさめた」 とありますが、この場合の夢とは具体的にどんなことをさしているのですか。次のア〜エから最もふさわしいものを選びましょう。

ア 超能力を使いたいという希望

イ 超能力を使えるかもしれないという空想

ウ 超能力を使ってしまったという悪夢《あくむ》

エ　超能力はわずらわしいものだという考え

問六　――線部④「私はどきりとした。くちびるが乾いた」とありますが、それはどういう様子を表していますか。次のア～エから最もふさわしいものを選びましょう。

ア　またけんかをしなければならないと緊張《きんちょう》している。

イ　またけんかができると興奮《こうふん》している。

ウ　帰って来た男ににらまれて驚《おどろ》いている。

エ　「私」の来たことがわかってしまわないかと心配している。

問七　――線部⑤「かぶりを振った」という言葉と正反対の意味を持つ言葉を、文中からぬき出して答えましょう。

問八　――線部⑥「なんだか大人になった気がした」とありますが、それはなぜですか。次のア～エから最もふさわしいものを選びましょう。

ア　母親になにもいわれないぐらいの十分な成果をあげたから。

イ　本田とけんかせずにすみ、仲よくなることができたから。

ウ　初めて自分で問題を解決《かいけつ》してきたから。

エ　みじめで悲しい気分からやっと解放されて、初めてほっとして明るい家庭のよさに気づいたから。

参考

問八への対応《たいおう》

本田の家から帰宅《きたく》した私は、無言で食事を終え、ひとりで寝床に入り、おそらくは今日の出来事をふりかえったうえで、「大人になった気がした」のでしょう。この満足感をきちんと説明すると、どういう気持ちになるでしょうか。

問九　話の結果からみて、「私」と本田ら数名とがけんかをしたのは、どういうことが原因《げんいん》だったからと考えられますか。句読《くとう》点もふくめて四十五字以上～五十字以内でわかりやすく書きましょう。

参考

問九への対応

本田が告白《こくはく》した、けんかにおよんだ真相が書かれているのは、15・16段落《だんらく》です。その内容をまとめれば良いでしょう。

解答 250ページ

三人称《さんにんしょう》の物語は、作者が語り手で、あらゆる登場人物の言動や心情《しんじょう》を、自由自在に描写《びょうしゃ》できる点に面白さがあります。神様の視点《してん》にも似た客観的な目で、作者が、さまざまな人間をあたたかく包み込《こ》む世界を、楽しんでみましょう。

1 次の文章を読んで、あとの問いに答えましょう。

[1] 夏子のおかあさんは、ときどき、①どぎもをぬくような思いきったことをして、子供《こども》たちをよろこばすのがすきでした。たとえば、雨ふりがつづいて、長ぐつがほしいなと思っていると、次の日あたりにはちゃんと買ってきて、だまって玄関《げんかん》にそろえてあるといったぐあいです。ふつうならば、雨ふりに長ぐつをはくのはあたりまえのことですが、そのあたりまえすぎるほどあたりまえのことで、どぎもをぬかれるというのは、夏子の家が長ぐつ一足買うにもいろんな心くばりがいるということになります。つまり貧乏《びんぼう》なのですね。で

すから、夏子は口にだしてねだったわけではないのに、おかあさんには、夏子の気もちがちゃんとわかっていたようです。なぜなら、雨がふると夏子はなんとなくぷりぷりしていたからです。それまではいていた長ぐつを弟にゆずり、六年生になってから夏子はずっと長ぐつなしでした。それでもいつか、一どねだったことがあります。

「ね、おかあさん、長ぐつ、ほしいな。長ぐつだとどろんこ道でもじゃぶじゃぶ歩けるんだけど、あしだなんて、ころびそうで、あぶなくて、だから夏子、きのうも、ちこくしちゃった。」

2 するとおかあさんは困《こま》ったような顔つきになり、

「そう、すまないね。長ぐつがないの、夏子だけなの?」

3 そういわれると②夏子はちょっと考えてから、

「夏子ひとりじゃあないけど。」

「じゃあ、なん人?」

「ふたり。」

「夏子のほかに?」

参考

文中に出てくることば

あしだ＝雨降《あめふ》りなど、道の悪いときにはく、高い歯のげた。

「ううん、夏子のほかにひとりよ。」

「そう。じゃあ、つれもあるじゃないの。その、もうひとりの子が買ったら、夏子にも買ったげるから、少しまって。でないと、夏子が買ったら、長ぐつがないのはその子ひとりになって、とても悲しいでしょ。それまで、おつきあいに、夏子もまってよ。」

「いや、③そんなおつきあい。」

4 夏子は思わず強くつっぱねました。するとおかあさんは急に笑い出し、

「そうだ、そうだ、そんなおつきあい、おかあさんだってまっぴらよ。よしっ、買ったげる。あした買ったげる。」

5 夏子は思わず笑顔になっておかあさんを見上げましたが、おかあさんの目が光っているのをみると、④いそいで目をそらし、

「いってまいりまあす。」

6 わざと元気に出かけたものです。しかし、学校へいく道々《みちみち》、夏子の心はすこしとがめていました。うそをいったからです。長ぐつがないのは夏子のほかにひとりだけではなく、少なくとも四、五人は

いました。それなのに、つい夏子は、はずみでうそをいってしまったのです。夏子のことを信用してくれているおかあさんは、きっと、ほんとにあした長ぐつを買ってくれるかもしれないと思うと、夏子は、⑤それをすなおに喜《よろこ》ぶわけにはいかなくなりました。おかあさんがひとりで働いてやっと暮《く》らしていることを思うと、よけい気がかりでした。それにつけても思うことは、おとうさんのことです。

「なぜ戦死なんかしたんだろう。」

7　と思ってみても、おとうさんだとて、好きで戦争にいったはずはありません。弟の大吉《だいきち》が生まれる三日前に、おとうさんは出征《しゅっせい》し、ひと月もたたないうちに戦死の内報《ないほう》がきて、じきに戦争は終わりました。まだ小さかった夏子は、その当時のことをよくおぼえてはいませんが、それいらい、おかあさんがどんなに苦労して夏子たちを育ててきたかは、すいとり紙がインクをすいとるように夏子の心にしみこんでいました。おかあさんは、毛糸のあみものをして暮らしをたてていたのです。年がら年じゅう、暑い夏でもその仕事をしな

参考

文中に出てくることば

出征＝軍隊の一員として戦地へ行くこと。

内報＝非公式《ひこうしき》に知らせること。

がら、美しい色あいの毛糸だったりすると、必ず口ぐせのようにいいました。

「これが、夏子のだったらね。」

8 そのたびに夏子もそう思いましたが、美しいセーターはでき上がるとみんな羽がはえたように夏子の家からとび出していきました。でもたまには思いがけず、まくらもとなどにおかれてあって、目をさました夏子や大吉をいっしょに喜ばしたりしました。たいていお正月も松の内がすんだころでした。

「うわあ、おかあさん、これ夏子のだったの。よそのかと思った。いってくれないんだもん。」

9 すると、おかあさんはいうのです。

「だってさ、おまえたち、いつだってどちらかが先になるとけんかじゃないの。だから、ふたりいっしょにでき上がるまで、内しょにしとくのよ。」

10 大吉とふたり分の毛糸だと、それはどんなにたいへんだろうということをちゃんと知っている夏子ですから、長ぐつがなかなか買えないことはとっくにわかっていました。しかも夏にむかっては、おかあさんの仕事も不景気なのです。それを知っていながら、うそをいったのです。夏子の心はだんだんめいってきました。今すぐひき返してわびをいう時間はありません。そんなことをすれば、きょうもまたちこくするばかりです。⑥でも、あした買ってやるといったことを思い出すと、やっとほっとしました。

（壺《つぼ》井《い》栄《さかえ》『あしたの風』より）

問一 ――線部①「どぎもをぬくような思いきったことをして、子供たちをよろこばす」とありますが、この文章中で、「子供たち」をよろこばすために「夏子のおかあさん」がしたことを二十字以内で答えましょう。

参考

壺井栄（つぼい・さかえ）一八九九～一九六七　作家。詩人の壺井繁治《しげじ》と結《けっ》婚《こん》。プロレタリア文学運動を通じて宮本百合子《みやもとゆりこ》、佐《さ》多《た》稲《いね》子《こ》らを知り、佐多のすすめで文章を書きはじめ、短編《たんぺん》『大根の葉』で文壇《ぶんだん》に認《みと》められる。『二十四の瞳《ひとみ》』は映画《えいが》化され、広く知られることとなった。

問二　――線部②「夏子はちょっと考えてから」とありますが、どんなことを考えたのですか。百字程度《ていど》でわかりやすく説明しましょう。

参考

問二への対応《たいおう》

ここで夏子は「ふたり。」とうそをついています。なぜうそをついたかを考えれば、それがそのまま答えになります。

問三　――線部③「そんなおつきあい」とはどういうことですか。三十字以内で答えましょう。

問四　——線部④「いそいで目をそらし」とありますが、このときの夏子の気持ちの説明として最も良いものを、次のア～エから選びましょう。

ア　お母さんの気が変わらないうちに、早く学校へ行ってしまおうという気持ち。

イ　自分のおねだりがお母さんを苦しめてしまったことをつらく思う気持ち。

ウ　母さんの陽気な口調の意味がわからず、気味悪く思う気持ち。

エ　自分のついたうそが、お母さんにわかってしまわないかと不安に思う気持ち。

問五　——線部⑤「それをすなおに喜ぶわけにはいかなくなりました」とありますが、その理由の説明として最も良いものを、次のア～エから選びましょう。

ア　長ぐつを買ってもらいたいために、自分を信じてくれるおかあさんに、うそをついてしまったことが気にかかるから。

イ おかあさんに信用されている自分だけが新しい長ぐつを買ってもらうことになって、弟に悪いと思っているから。

ウ やっと暮らしていることを考えると、ほんとうにおかあさんがあした買ってくれるかどうか、気にかかるから。

エ うそをついて、自分だけ長ぐつを買ってもらうことになったが、長ぐつのない友だちに悪いと思っているから。

問六 ――線部⑥「でも、あした買って……ほっとしました」とありますが、夏子がほっとした理由を三十字以内で答えましょう。

問七　この物語にえがかれている夏子の家族の説明として最も良いものを、次のア～エから選びましょう。

ア　貧《まず》しい生活の原因《げんいん》をお父さんの戦死のせいと考え、戦争を憎《にく》んでいる家族。

イ　貧しさの中に小さなしあわせを見つけ出し、それに十分満足している家族。

ウ　貧しさと必死で戦いながら、しだいに気力を失い、なげやりになっていく家族。

エ　貧しい生活をしながらも、たがいに助け合い、けなげに生きている家族。

□

2　次の文章を読んで、あとの問いに答えましょう。

（主人公の吾一《ごいち》は、家が貧《まず》しくて念願の中学に進学ができず、友人の家の呉服《ごふく》屋へ働きに出ることになりました。店の仕事になかなか慣《な》れないでいたある日のこと――）

参考

なげやり
もうどうなってもかまわない、という無責任《むせきにん》な態《たい》度《ど》のこと。

けなげ
けなげは漢字で「健気」と書き、子どもなど弱い者が、けんめいに努めている様子を指します。

参考

文中に出てくることば
中学に進学ができず……
＝この物語は、作者・山本有三の自伝的作品ですので、明治時代を描《えが》いています。

1　店の用は、停車場《ていしゃば》へ小荷物を出しに行くことだった。彼《かれ》は外の使いを、あまり、ありがたいものと思っていなかった。家の中でこき使われるのもつらいけれども、荷物をしょって、表に出ることは、もっとつらかった。道でひょっこり、友だちに出っくわしゃしないかと思うと、彼はじつにたまらなかったのである。中学に行くと言っていたのに、前かけをしめて、荷物をしょっている姿《すがた》を見られることは、身を切られるような思いだった。このあいだは、道雄《みちお》に、

「吾一ちゃん。」

と、遠くから声をかけられたが、①彼は返事もしないで逃《に》げだしてしまった。

2　「きょうは、どうか友だちに会いませんように。」彼はそんなことを念じながら、停車場へ歩いて行った。

3　切符《きっぷ》売り場の横の小荷物扱《あつか》いのところに、アブラ紙にくるんだ荷物をだして、目かたを量ってもらっていると、

「おい、愛川《あいかわ》。」

と言って、不意に背中《せなか》をたたかれた。振《ふ》り向くと、次野《つぎの》先生だった。

「前かけが似合《にあ》うようになったな。どうだ、しんぼうできるか。」

4 吾一はだまって頭をさげた。②目がしらがあつくなっていた。

5 ③それを見て取った次野は、すぐことばを続けた。

「つらくっても、しんぼうしなくっちゃいかんよ。おっかさんは君をたよりにしているんだからな。」

「は、はい。――先生は東京に行くんですか。」

「うん、東京へ行く。東京へ行って、もう少し勉強するつもりだ。――おまえにも勉強させてやりたいと思ったのだけれど、うまくいかなくって、残念だった。しかしな、愛川、学問をやることだけが大事なことじゃない。人間、何をやってもいいんだ。一番大事なことは、まっすぐに生きることだ。いいか、よく働くんだぞ、それから、からだを大切にしてな。」

「へえ。」

6 吾一は心から頭をさげた。よく働けというのは、主人の言うこと

参考

文中に出てくることば

次野先生＝吾一の担任《たんにん》の先生。

主人＝ここでは、吾一の働く呉服屋の主人。

と少しもちがいはないのだが、④それが先生の口からでると、しみじみと胸《むね》にひびいた。

（山本有三《やまもとゆうぞう》『路傍《ろぼう》の石』より）

問一　——線部①「返事もしないで逃げだしてしまった」とありますが、このときの吾一の気持ちを四十字以内で答えましょう。

参考

山本有三（やまもと・ゆうぞう）

一八八七〜一九七四　小説家・劇作家《げきさっか》。芥川竜之《あくたがわりゅうの》介《すけ》らと第三次『新《しん》思潮《しちょう》』を創刊《そうかん》。劇作家としてみとめられたのち、小説を執筆《しっぴつ》。人道主義《しゅぎ》的・理想主義的作風で知られた。戦後は参議院議員として国語問題に貢献《こうけん》。

問二　――線部②「目がしらがあつくなっていた」とは、どういうことをいうのですか。二十五字以内で別のことばに言いかえましょう。

問三　――線部③「それを見て取った」とありますが、どういうことを見て取ったのですか。その内容《ないよう》を考えて、三十字以内で答えましょう。

参考

問三への対応《たいおう》

「それ」という指示《しじ》語が何を指《さ》しているかをよく考えましょう。

問四　――線部④「それが先生の口からでると、しみじみと胸にひびいた」という部分から、吾一のどのような気持ちがわかりますか。その内容を考えて、五十字以内で答えましょう。

第7章 詩

39 詩

解答 252ページ

詩は、**心で感じたこと**を、**リズムのあることばの形式**で表現《ひょうげん》した、文学的文章です。現代では、音数や行数を決めたルールに従《したが》わず、自分でことばのリズム感を工夫する、**自由詩**が数多く作られています。いくつか紹《しょう》介《かい》してみたいと思います。

1 次の詩を読んで、あとの問いに答えましょう。

峠《とうげ》　　津坂治男《つさかはるお》

①大丈夫《だいじょうぶ》か

参考

津坂治男（つさか・はるお）
一九三一～二〇一九　詩人・伝記作家。江戸《えど》後期の儒学者《じゅがくしゃ》・津坂東陽《とうよう》の子孫。『石の歌』で小熊秀雄《おぐまひでお》賞《しょう》受賞。代表作に『大きくなったら』、『花が咲《さ》いたよ』など。『ちょっと失礼！』で少年詩賞受賞。

がんばります
坂になってるぞ
　いいです　これしき　　（第一連）

前かがみに
ホイルをつかむ
②こわばった
冷たい両手で　　（第二連）

病《びょう》棟《とう》から学校まで
わずか百メートルのコンクリート路
その中ほどに
またげば一歩の　小さな峠　　（第三連）

③ううっ、づ　づ　づ
よしっ！

参考

文中に出てくることば

ホイル＝車イスに乗ったとき、手で回すところ。
病棟＝病院の中で、病室がたくさんならんでいる建物のこと。

朝の力を振《ふ》りしぼって
やっと越《こ》えた峠
（第四連）

がんばれ――はげまし手は
気づかず踏《ふ》み立っていた
峠は上にあるものとばかり
高くを、前を見つづけていた
（第五連）

もういいか
押《お》す手をはらいのけるように
あそこまで行きます
④顔を花に開いて――
（第六連）

毎朝越える
君らのいのちの
勝利の峠

試練の峠　（第七連）

問一　――線部①「大丈夫か」と問いかけた人のことを、別のことばでどのように表現《ひょうげん》していますか。詩の中から五字以内でぬき出しましょう。

問二　――線部②「こわばった／冷たい両手」に表されている気持ちの説明として最もふさわしいものを、次のア〜エから選びましょう。

ア　人の情《なさ》けは受けたくないという意地っ張《ぱ》りな気持ち。

イ　今日もまた立ち向かっていくのだという緊張《きんちょう》の気持ち。

ウ　きびしい世間の中を生きていかなければならないつらい気持ち。

エ　今日もまた失敗してしまうだろうという絶望《ぜつぼう》的な気持ち。

問三　——線部③「ううっ、づ　づ　づ」とはどんな様子を表したものですか。様子を具体的に考えて、三十字以内で説明しましょう。

問四　第五連を説明する次の文の（ア）（イ）にあてはまることばを、詩の中からぬき出して答えましょう。どちらも五字前後でぬき出してください。

障害《しょうがい》のない人にしてみれば（ア）くらいのじゃまなものでも、車イスの人にしてみれば、まさに（イ）というべきたいへんなものだということに、今さらながら気がついた。

ア	イ

問五　――線部④「顔を花に開いて」とは、どんなことを表現しようとしているのですか。次のア～エから最も適当《てきとう》なものを選びましょう。

ア　苦しみからはやく解放《かいほう》されたいと願う表情《ひょうじょう》

イ　困難《こんなん》に打ち勝ったときの晴々とした表情

ウ　学校へ向かうときのはずんでいる表情

エ　なやみも苦しみもない平和な表情

2 次の詩を読んで、あとの問いに答えましょう。

木

田村隆一《たむらりゅういち》

木は黙《だま》っているから好きだ
木は歩いたり走ったりしないから好きだ
木は愛とか正義《せいぎ》とかわめかないから好きだ

ほんとうにそうか
ほんとうにそうなのか

見る人が見たら
木はささやいているのだ　ゆったりと静かな声で
木は歩いているのだ　空にむかって
木はいなずまのごとく走っているのだ　地の下へ

参考

田村隆一（たむら・りゅういち）
一九二三〜一九九八　詩人。第二次大戦後、鮎川《あゆかわ》信夫《のぶお》らと『荒地《あれち》』を創刊《そうかん》し、戦後詩の旗手《きしゅ》として活躍《かつやく》。『言葉のない世界』で高村光太郎《たかむらこうたろう》賞《しょう》、『詩集1946〜1976』で無限《むげん》賞、『奴隷《どれい》の歓《よろこ》び』で読売《よみうり》文学賞、『ハミングバード』で現代詩人賞を受賞。推理《すいり》小説の翻訳《ほんやく》でも知られる。

木はたしかにわめかないが
木は
(A)そのものだ　それでなかったら小鳥が飛んできて
枝《えだ》にとまるはずがない
(B)そのものだ　それでなかったら地下水を根から吸《す》い上げて
空にかえすはずがない

(C)
老樹《ろうじゅ》

ひとつとして同じ木がない
ひとつとして同じ星の光のなかで
めざめている木はない

木
ぼくはきみのことが大好きだ

問一　この詩の種類を、次のア～エから選びましょう。

ア　文語定型《ていけい》詩

イ　口語《こうご》定型詩

ウ　文語自由詩

エ　口語自由詩

問二　6行目「見る人が見たら」とありますが、「見る人」とはどういう人ですか。最も適当《てきとう》なものを、次のア～エから選びましょう。

ア　この木を植えて育ててきた人

イ　植物についてよく研究している学者

ウ　愛情《あいじょう》を持って木の世話をしている人

エ　人間と木を同じ生きものとして感じられる人

問三　8・9行目「木は歩いているのだ　空にむかって／木はいなずまのごとく走っているのだ　地の下へ」とは、木のどんな様子を表していますか。具体的に書きましょう。

参考

問二への対応《たいおう》

続く三行から考えましょう。

問四　（A）（B）にあてはまることばを、詩の中からぬき出して答えましょう。

B	A

問五　（C）には「老樹」と対になる語がはいります。次の□に漢字一字をあてはめて答えましょう。

「□木」

問六　この詩の主題として最も適当なものを、次のア〜エから選びましょう。

ア　人間とちがって言葉もしゃべらず、動くこともない木だが、それでも立派《りっぱ》な生き方をしている。

イ　人間の目からは、木はどれもこれも同じように見えてしまうが、それぞれに違《ちが》いがあっておもしろい。

ウ　人間の生き方と比《くら》べてみると、木の方が静かで知恵《ちえ》のある生き方をしているのではないだろうか。

エ　人間のような騒《さわ》がしい存在《そんざい》には、もう愛想が尽《つ》きたので、木々に囲《かこ》まれて静かな暮《く》らしがしたい。

3 次の詩と解説文を読んで、あとの問いに答えましょう。

朝の挨拶《あいさつ》　菅原克己《すがわらかつみ》

さわやかな目覚めに
わが家に
朝陽《あさひ》がさしているのを見た。
それから
春が野菜を切っている音を聞いた。
ぼくは①ささいなことが好きだ。
②くらしのなかで
詩が静かな不意打ちのように
やってくるというのはほんとうだ。
もうじき
風にのって
とぎれとぎれに聞こえてくる

参考

菅原克己（すがわら・かつみ）
一九一一～一九八八　詩人。第二次大戦前・戦後を通じて共産党《とう》で活動するかたわら（のち離党《りとう》）、詩作をつづける。室生犀《むろうさい》星《せい》の影響《えいきょう》をうけ、人間愛にみちた作風で知られた。詩集に『手』、『日の底』、『陽《ひ》の扉《とびら》』など。

丘《おか》の上の中学校の
いつものオルガンの挨拶でさえ……。

〔解説《かいせつ》文〕

1 さわやかな目覚め——清福《せいふく》という言葉があります。生理的な快《こころよ》さを背景《はいけい》にした精神《せいしん》的な幸福ですね。さわやかな目覚めくらい、この清福を覚えることはありません。魂《たましい》の平安と言ってもいいでしょう。

2 さくさくさく、奥《おく》さんが野菜を切る音が聞こえてくる。詩人の耳にその音はしみじみと響《ひび》きます。それはシンフォニーでもありません。人を笑わせずにはおかない落語やマンザイでもない。遊びやなぐさめのための特別な娯楽《ごらく》ではないのです。日常《にちじょう》の時間の中のひとふしです。〈A〉この一行に、わたしは深く深く共鳴します。

3 日常の暮《く》らしの中で、ささやかなことが、詩人に喜《よろこ》びや質《しつ》の高い満足を与《あた》える。それは詩人にとってはポエジーなのです。風にのってとぎれとぎれに聞こえてくる、中学校のオルガンの音でさえ、さわやかに目覚

参考

文中に出てくることば

魂の平安＝気持ちが深く安らぐこと。

ポエジー＝フランス語で、詩、または、詩情《しじょう》のこと。詩情とは、しみじみと心に伝わる詩的な情景、といったところでしょう。

めた詩人の耳には、朝の挨拶と聞こえ、そのように聞こえることがポエジーなのだ——というわけです。そんなささいなことが、静かな不意打ちとなって、詩人の魂を訪《おとず》れるわけです。

（川崎洋《かわさきひろし》『ひととき詩をどうぞ』より）

問一　題名の「朝の挨拶」は最後の行の「いつものオルガンの挨拶でさえ……。」を指《さ》していると考えられますが、他にも「朝の挨拶」の具体的な例と考えられるものが二つあります。それが書かれている行の番号をそれぞれ答えましょう。

参考

川崎洋（かわさき・ひろし）一九三〇〜二〇〇四　詩人・放送作家。詩やラジオドラマの執筆《しっぴつ》のほか、方言の収集《しゅうしゅう》でも知られた。一九八七年、詩集『ビスケットの空カン』で高《たか》見順賞《みじゅんしょう》、一九九八年『日本方言詩集』『かがやく日本語の悪態《あくたい》』ほかで藤《とう》村記念歴程《そんきねんれきてい》賞を受賞。

問二　——線部①「ささいなこと」とはこの場合どんなことですか。解説文の中から同じことを表している部分を十二字でぬき出しましょう。

問三　——線部②「くらしのなかで／詩が静かな不意打ちのように／やってくる」とは、どういうことですか。次のア〜エから最も適当《てきとう》なものを選びましょう。

ア　日常生活のなかで、静かでさわやかな気持ちになると、急に詩を読んでみたくなるということ。

イ　ふだんの生活をていねいに見聞きしていると、思いがけず心がふるえるような感動に出会うということ。

ウ　ふだんの生活のなかにも、とつぜん不思議な出来事が起こり、それが素晴《すば》らしい詩となるということ。

参考

問二への対応《たいおう》

この解説文は詩の内容を、順を追って解説する書き方になっていますので、素直《すなお》に考えれば、「春が野菜を切っている音を聞いた。」を解説しているあたりに、答えが見つかるはずです。

エ　いつもの変わらない生活よりも、空想的でもいいから、周囲《しゅうい》の物たちが語りはじめるほうが楽しいということ。

問四　〈A〉にあてはまる詩の一行をそのままぬき出しましょう。

問五　この詩で、作者は何を言いたかったのですか。次のア〜エから最も適当なものを選びましょう。

ア　ともに生きることによって生じる人間の喜びや悲しみ

イ　季節のうつろいや人の生活にはかなさを感じること

ウ　さわやかな目覚めと挨拶というものの大切さ

エ　生活の中のささいなことにひそんでいる幸福

第8章 戯曲《ぎきょく》

40 戯曲《ぎきょく》

解答 255ページ

演劇《えんげき》で用いられる脚本《きゃくほん》のことを戯曲《ぎきょく》といいます。戯曲は主に、登場人物の**せりふ**と**ト書き**から構成《こうせい》されており、物語とちがって登場人物の心の中が直接描写《ちょくせつびょうしゃ》されるわけではありませんが、人物の発言、しぐさ、行動、表情《ひょうじょう》などから、心の動きを想像《そうぞう》するところに面白さがあります。ですから、せりふだけでなく、ト書き（次の戯曲では、せりふとせりふとの間や、（　）で書かれている部分）にも注目してください。

1 次の文章を読んで、あとの問いに答えましょう。（句読《くとう》点も一字に数えます。）

参考

ト書き

ト書きとは、登場人物の行動やしぐさや表情、視《し》覚効果《かくこうか》や音楽、効果音、スタッフへの指示《しじ》など、せりふ以外に必要な指示を書いたものです。もともと「ト太郎《たろう》が入ってくる。」というふうに、「すると」を意味する「ト」を頭につけていたことから、「ト書き」と呼《よ》ばれるようになりました。江戸《えど》

　一八一五年の十月の初めごろ、フランスのある町に、ひとりの旅人がやってきました。この旅人は、子どものためにパンを一片《いっぺん》ぬすんだ罪《つみ》で、十九年の刑期《けいき》を終えたばかりのジャン・バルジャンでした。心を入れかえて、正しく生きようとしているジャンではありましたが、町の人々は冷たく、再《ふたた》び悪の道に逆《ぎゃく》もどりしそうになります。そんなとき、ミリエル司教《しきょう》にやさしく教会にむかえられ、あたたかい食事とベッドを与《あた》えられました。
　ところが、その夜、銀の食器に目がくらみ、司教をうらぎってこれをぬすんで逃《に》げてしまい、警察《けいさつ》につかまったのです。

警部《けいぶ》　司教さま、わたくしは当市に勤務《きんむ》いたす、ジャヴェルと申す警部でございます。
ジャン　（ひとりごとのように）司教さま?!　では、この人は司祭ではないんだな。
警部　黙《だま》っていろ！　この方はミリエル司教さまだぞ。

時代の歌舞伎《かぶき》の台本（台帳といいます）に由来しています。

司教　（その間にすばやく進み出て、ジャンに向かい）ああ、よく来なすった。わたしはあなたに会えてうれしい。ところでどうなすったのです。わたしはあなたに燭台《しょくだい》もあげたのに、なぜ食器といっしょに持っておいでにならなかったのです。わたしはあれもあげたつもりだったのですよ。

ジャン、［1］司教を見つめる。

警部　では、①この男の言ったことはほんとうでありますか。わたしどもはこの男に出会ったところが逃《に》げるようにして歩いていくので、調べてみるためにとらえたのです。すると、この銀の食器類を持っていましたので……。

司教　そしてこう申したのでしょう、一晩《ひとばん》泊《と》めてもらった年よりの牧師《ぼくし》からもらったのだと。よくわかっております。それを疑《うたが》って、あなたはこの人を連れて来られたのでしょう。それは誤解《ごかい》でした。

警部　②そうですか。さようなわけでしたら、このまま放免《ほうめん》しますが。

司教　ええ、もちろんです。

　警官、ジャンを放す。

ジャン　（　2　）ほんとうにわたしはゆるされたのかしら。

警部　そうだ。ゆるされたんだ。それがわからないのか。

司教　さあ、出かける前にここにあなたの燭台があります。これも持って行きなさい。

　ジャン、体中をふるわせ、機械的にその二つの燭台を受け取る。

司教　それでは平和に行きなさるがよい。ついでに言っておきますが、③こんど来るときには、庭のほうからまわって来られるにはおよびませんよ。いつでも通りの戸口から出入りなさってよろしいのです。（それから警官らのほうをふりむき）みなさんも、どうかお引き取りください。

警部　では、おさわがせ申して失礼しました。（と、ジャンのほうをじろりと見ながら、一同を引き連れて退場《たいじょう》する。）

ジャンは残って、④まるでまさに気絶《きぜつ》しそうな人の[3]立っている。

（ヴィクトル・ユーゴー原作／久米正雄《くめまさお》脚色《きゃくしょく》『レ・ミゼラブル』より）

参考

ヴィクトル・ユーゴー

一八〇二〜一八八五　フランスの詩人・小説家・劇作家《げきさっか》。ロマン主義《しゅぎ》文学の指導《しどう》者。共和主義者としてナポレオン3世のクーデターに反対して国外追放となり、十九年にわたる亡命《ぼうめい》生活の間に、名作『レ・ミゼラブル』を書いた。そのほか代表作に戯曲『エルナニ』、小説『ノートル・ダム・ド・パリ』など。

久米正雄（くめ・まさお）

一八九一〜一九五二　小説家、劇作家。東京大学在学《ざいがく》中に芥川竜之介《あくたがわりゅうのすけ》・菊池寛《きくちかん》らと第四次『新思《しんし》

問一　[1]・[2]の中に入れるのに最もふさわしいことばを、それぞれ次のア～エから選びましょう。

ア　夢《ゆめ》のような思いで　　イ　答えることばもなく

ウ　自信たっぷりと　　エ　おこったように

1	2

問二　――線部①「この男の言ったこと」を、他の人物のせりふの中から二十五字以内でさがし、はじめと終わりの二字で答えましょう。

はじめ＝	終わり＝

問三　――線部②「そうですか。さようなわけでしたら、このまま放免しますが」というせりふは、どんな気持ちで言えばよいですか。最もふさ

潮《ちょう》』を発刊《はっかん》。夏目漱石《なつめそうせき》に師事《しじ》した。漱石の長女・筆子《ふでこ》に失恋《しつれん》した経緯《けいい》を『蛍草《ほたるぐさ》』、『破船《はせん》』などの長《ちょう》編《へん》小説に描《えが》き、流行作家となった。

問一への対応《たいおう》

ジャンの心情《しんじょう》を想像して、選択《せんたく》しましょう。

わしいものを、次のア〜エから選びましょう。

ア まだ疑っているが司教が言うので仕方ない、という気持ちで

イ 罪もないのに疑ってしまって申し訳《わけ》なかったという気持ちで

ウ 少しでもはやく放免してこれ以上かかわりたくないという気持ちで

エ 疑いを晴らすことができてさわやかな気持ちで

問四　――線部③「こんど来るときには」は、原文では敬語《けいご》で書かれています。どう書いてあったでしょうか。十字以上十五字以内で書きましょう。

問五　――線部④「まるでまさに気絶しそうな人の［3］立っている」の［3］に入ることばを三字で答えましょう。

第1章　国語の基礎

① かなづかい　4ページ

1
①エ　②イ　③イ　④ウ　⑤エ

2
①づ　②づ　③づ　④じ　⑤じ
⑥づ　⑦じ　⑧づ　⑨づ　⑩づ
⑪じ　⑫じ　⑬ぢ　⑭づ　⑮づ
⑯ぢ　⑰づ　⑱ず　⑲ぢ　⑳づ
㉑ず　㉒ぢ　㉓づ　㉔じ　㉕ず
㉖ず

② おくりがな　7ページ

1
①イ　②ア　③ア　④ア　⑤イ
⑥イ　⑦イ　⑧ア　⑨イ　⑩ア
⑪イ　⑫ア　⑬ア　⑭イ　⑮ア
⑯ア　⑰ア　⑱イ　⑲ア　⑳イ

㉑イ　㉒ア　㉓イ　㉔イ　㉕ア
㉖イ　㉗イ　㉘イ　㉙イ　㉚ア
㉛イ　㉜ア　㉝ア　㉞ア　㉟イ
㊱ア　㊲イ　㊳ア　㊴イ　㊵ア
㊶ア　㊷ア　㊸イ　㊹ア　㊺イ
㊻ア　㊼イ　㊽ア　㊾イ

③ 主語と述語　10ページ

1 （主語／述語の順番で）
①峰が／かがやく　②出来事が／あります　③けむりが／ながされる
④話が／あるだろうか　⑤わたし／信じるの

2 ①ハンサムだね　②小道は　③船が　④あるだろう　⑤聞こえるかい

④ 修飾語　12ページ

1 ①とった　②咲いた　③はじめた　④きた　⑤伝える

2 ①飛ぶ　②思い出す　③人形に　④ほほえんで　⑤咲いた　⑥のびて　⑦横たえた

⑤ 文型　14ページ

1 ①イ　②ア　③ア　④ウ　⑤ウ　⑥ア
⑦ウ　⑧ア　⑨ウ　⑩イ　⑪ア　⑫ア

2 ①ア　②イ　③ウ　④イ　⑤ア　⑥ア　⑦ウ　⑧ア

⑥ 品詞の基礎　17ページ

1 (上から順に)
①△○○　②△×△○　③××○○　④△×○　⑤○×○○○　⑥××○○

解説 ⑤の「弱っ」の言い切りは「弱る」で、「弱い」ではありません。したがってこれは動詞です。

⑦ 接続語・独立語・指示語　18ページ

1 ①しかし　②それに　③または　④すると

2 ①はい・ウ　②ああ・ア　③ねえ・イ　④平和・オ　⑤こんにちは・エ

3 ①友人
②仲のよい友人だと

③本当の友人と出会いそこなう

⑧ 敬語法 21ページ

1 ①ア ごらん　イ 拝見《はいけん》
②ア いらっしゃる／おいでになる／行かれる　イ まいり
③ア めし上がっ　イ いただき
④ア おっしゃい／言われ　イ 申し
⑤ア なさっ／され　イ いたし

2 ①どなた（様）・どちら様　②おります　③お待ちください
④いらっしゃった／お見えになった／おこしになった／おいでになった／来られた

3 ①ウ　②オ　③ケ　④カ

⑨ ことわざ 25ページ

1 ①ア　②ウ　③カ　④キ　⑤オ　⑥エ　⑦イ

2 ①三　②二　③十　④二　⑤二

3 ①カ　②エ　③イ　④ア

⑩ 慣用句 27ページ

1 ①ウ ②ウ ③ウ ④エ ⑤イ
⑥ウ ⑦ウ ⑧イ ⑨ウ ⑩エ
⑪ウ ⑫イ ⑬イ ⑭ウ ⑮ア
⑯ウ ⑰イ ⑱ウ ⑲ウ ⑳イ

⑪ あいまい文 35ページ

1 ①ぼくは、なみだを流して再会を喜ぶ親友の手をにぎった。
②ぼくはなみだを流して、再会を喜ぶ親友の手をにぎった。

2 ①（例）山田君は吉野君と村上君とを見舞いに行った。（「吉野君と村上君を山田君は見舞いに行った。」も可）
（例）山田君は吉野君とともに（「いっしょに」も可）村上君を見舞いに行った。（「山田君と吉野君は村上君を見舞いに行った。」も可）
②（例）にげていく妹を弟は笑いながら追いかけた。
（例）笑いながらにげていく妹を弟は追いかけた。

⑫ 国語辞書の使い方 37ページ

1

① イ ウ オ ア エ
② ウ オ イ エ ア
③ オ イ ア ウ エ
④ ウ エ オ ア イ
⑤ オ ア イ エ ウ
⑥ ア エ オ ウ イ
⑦ イ ア エ ウ オ
⑧ ア ウ イ オ エ
⑨ エ ウ ア イ オ
⑩ イ ア オ ウ エ
⑪ オ エ イ ア ウ
⑫ ウ イ エ ア オ

2

① ウ
② エ
③ ケ
④ イ
⑤ ク
⑥ キ
⑦ オ
⑧ カ

⑬ 日本語の種類と歴史 40ページ

1

ア 和
イ 漢
ウ 外来
エ 訓
オ 音
カ カタカナ

第2章　ことばと漢字

⑭ 漢字の音訓（1）

42ページ

1 ①ア　②ア　③イ　④エ　⑤イ

2
①ア じんこう　イ くちょう
②ア こうじょう　イ だいく
③ア しんせつ　イ いっさい
④ア うせつ　イ さゆう
⑤ア がいこく　イ げか
⑥ア ちょっかく　イ しょうじき
⑦ア せいかつ　イ いっしょう
⑧ア じだい　イ こうたい
⑨ア へいめん　イ びょうどう
⑩ア ゆらい　イ じゆう
⑪ア せつりつ　イ こんりゅう
⑫ア せいこう　イ くどく
⑬ア きたい　イ けはい
⑭ア じかい　イ しだい
⑮ア しゅび　イ るす
⑯ア げんしょく　イ しきちょう
⑰ア そうちょう　イ さっそく
⑱ア ゆうめい　イ うむ
⑲ア さくひん　イ さほう
⑳ア ずが　イ としょ
㉑ア たいりつ　イ いっつい
㉒ア してい　イ でし
㉓ア せいじ　イ ちあん
㉔ア めいあん　イ こうみょう
㉕ア はんせい　イ しょうりゃく

⑮ 漢字の音訓（2）

45ページ

1 ①せぼね・イ　②おおすじ・イ　③きょねん・ア　④まちかど・イ
⑤てはい・エ　⑥ゆうかん・エ　⑦しごと・ウ　⑧ちゃいろ・ウ
⑨はたもと・イ　⑩ゆみや・イ　⑪わかくさ・イ　⑫でばん・エ
⑬せいねん・ア　⑭しゅったつ・ウ　⑮あおぞら・イ　⑯にもつ・エ
⑰てほん・エ　⑱きゃくま・ウ　⑲あいて・イ　⑳りっしゅん・ア
㉑だいどころ・ウ　㉒けしいん・エ　㉓はまべ・イ　㉔ほんや・ウ
㉕やくば・ウ　㉖じょうくう・ア　㉗あいしょう・エ　㉘あまぐ・エ

2 ①ひょうり・おもてうら　②こっきょう・くにざかい　③ぼくじょう・まきば
④はくちょう・しらとり　⑤しきし・いろがみ　⑥そうもく・くさき
⑦おんしょく・ねいろ　⑧ふぼ・ちちはは　⑨すいしゃ・みずぐるま
⑩しじょう・いちば　⑪そうげん・くさはら　⑫ふうしゃ・かざぐるま

3 ①のジュク　②シあい　③シンめ　④あいて　⑤エホン
⑥ヤクシャ　⑦ニクや　⑧こなゆき　⑨エキデン　⑩キャクま
⑪けしイン　⑫やね　⑬ヤクば　⑭バシャ

⑯ 漢字の音訓（3）

49ページ

1 ①大海原　②清水　③口調　④真っ赤（真赤も可）　⑤上手
⑥笑顔　⑦果物　⑧息子　⑨小豆　⑩明日
⑪日和　⑫梅雨　⑬土産　⑭行方　⑮五月雨
⑯時雨　⑰早急　⑱二日　⑲帰省　⑳五月
㉑平生　㉒意図　㉓建立　㉔七夕　㉕浴衣
㉖名残　㉗黄金　㉘問屋　㉙工夫　㉚最期

⑰ 二字熟語

54ページ

1 ①エ・こうてい　②キ・しんせん　③ク・ちゅうや　④イ・ばいばい
⑤オ・ろうにゃく　⑥ア・くらく　⑦カ・ぜんご　⑧ウ・ちょうたん

2 皮革《ひかく》・願望・郷里《きょうり》・倉庫・守護《しゅご》・製作《せいさく》（作製《さくせい》）・使用・切断《せつだん》・談話・児童

3 ①ア・エ　②ウ・ク

4 ①ウ・カ・ス・ツ　②イ・キ・ソ・チ　③オ・コ・シ・テ
④ア・ケ・タ・ト　⑤エ・ク　⑥サ・セ

5 ①コ・セ　②カ・シ　③サ・ス　④ア・イ　⑤ウ・ケ

⑥ソ・タ　⑦オ・キ　⑧エ・ク

⑱三字熟語・四字熟語　60ページ

1 ①イ　②ア　③ウ　④ウ　⑤イ　⑥ア

2 ①染　②期　③奏　④吸　⑤化
⑥幼　⑦条　⑧公　⑨案　⑩解

3 ①不　②未　③無　④非　⑤未
⑥無　⑦未　⑧不　⑨不　⑩無（不）

4 ①三・四　②千・万　③一・千　④三・九　⑤一・千（三）
⑥一・二　⑦一・一　⑧四・八　⑨一・千

5 ①口・いくどうおん　②進・にっしんげっぽ
③未・ぜんだいみもん　④肉・じゃくにくきょうしょく
⑤回・きしかいせい　⑥材・てきざいてきしょ
⑦単・たんとうちょくにゅう　⑧以・いしんでんしん
⑨空・くうぜんぜつご　⑩器・たいきばんせい
⑪欠・かんぜんむけつ　⑫長・いみしんちょう

⑬道・ごんどうだん　⑭周・よういしゅうとう
⑮右・うおうさおう　⑯色・じゅうにんといろ
⑰田・がでんいんすい　⑱美・はっぽうびじん
⑲投・いきとうごう　⑳同・だいどうしょうい
㉑生・はんしはんしょう　㉒光・でんこうせっか
㉓変・せんぺんばんか

⑲ 同義語・反対語

65ページ

1 ①イ　②ケ　③コ　④ク　⑤オ
⑥カ　⑦ア　⑧ウ　⑨エ　⑩キ

2 ①結　②死　③活　④要　⑤用　⑥養　⑦生（日も可）　⑧来

3 ①結果　②安心　③全体　④健康　⑤積極　⑥下校
⑦生産　⑧安全　⑨開始　⑩失敗　⑪不漁　⑫短所
⑬輸入　⑭平和　⑮下品　⑯最新　⑰最低　⑱無名

⑳ 同音異義語　68ページ

1　①開　②改　③回　④海

2　（右から順に）

①建・見・健　②公・口　③成果・青果　④湯治・当事・答辞

㉑ 同訓異義語　70ページ

1　①つ（く）　②い（る）　③た（つ）　④はか（る）　⑤おさ（める）

⑥あつ（い）

2　①ア 早　イ 速　②ア 挙　イ 上　③ア 効　イ 利

④ア 追　イ 負　⑤ア 差（射）　イ 指　⑥ア 仕　イ 使

⑦ア 作　イ 造

㉒ 漢字の部首　71ページ

1　①破　②鳴　③銅　④坊　⑤往

⑥妙　⑦集　⑧坂　⑨察　⑩著

⑪回　⑫俵　⑬因　⑭則　⑮雷

⑯固　⑰休　⑱飲　⑲安　⑳容
㉑問　㉒寺　㉓尾　㉔岩　㉕床
㉖箇　㉗清　㉘浴　㉙欲　㉚柱
㉛庫　㉜府　㉝際　㉞松　㉟粉
㊱時　㊲迷　㊳故

㉓ 漢和辞典の使い方　74ページ

1
①まだれ・3・8　②くにがまえ・3・6　③りっしんべん・3・8
④みみ・6・14　⑤うまへん・10・18　⑥ころもへん・5・14
⑦にんべん・2・7　⑧たけかんむり・6・11　⑨きへん・4・10
⑩りっとう・2・5　⑪おいがしら／おいかんむり／おい・4・6
⑫にんべん・2・5

2
ア　部首　イ　音訓　ウ　画

3
①1（部首は「だい」）
②7（部首は「やまいだれ」）
③8（部首は「ひへん」）

④3（部首は「つつみがまえ」）
⑤4（部首は「りっとう」）
⑥4（部首は「いち」）
⑦0（部首は「て・てへん」）
⑧5（部首は「ちから」）
⑨3（部首は「ぼくづくり・のぶん」）
⑩3（部首は「とりへん」）

㉔ 漢字の成り立ち

77ページ

1 ①（順番に）意・音　②形　③意　④指　⑤形
⑥（順番に）ドイツ・借　⑦注　⑧りくしょ

解説 象形《しょうけい》文字、会意《かいい》文字、指事《しじ》文字、形声《けいせい》文字、仮借《かしゃ》文字、転注《てんちゅう》文字が「六書《りくしょ》」です。

第3章　文法

㉕ 文章の単位

80ページ

1 ①ア　②イ　③イ　④ウ　⑤ウ　⑥ア　⑦ア

2 ①イ　②イ　③ア　④ア　⑤ウ

3 ①ア　②ア　③ウ　④ア　⑤ウ
⑥イ　⑦イ　⑧エ　⑨エ　⑩イ

㉖ 文節と単語

83ページ

1 ①ぼくの／お弁当は／ハムの／サンドイッチです。
②黒い／雲が／西から／ゆっくり／広がった。
③人間の／生活は／自然との／戦いから／始まった。
④わかりやすく、／美しい／ことばを／使おう。
⑤イギリス人は／歩きながら／考える。
⑥犬の／鳴き声で／ぼくは／目を／さました。

2

①彼／は／わたし／に／すべて／を／話し／た。

②会合／は／三時／から／始まる／予定／だ。

③苦しい／とき／ほど／ユーモア／が／必要だ。

④友人／が／ヨーロッパ／の／旅行／から／帰る。

⑤この／井戸／は／あまり／深く／ない。

㉗ 品詞

86ページ

1

①コ　②キ　③ウ　④ア　⑤イ

⑥オ　⑦ケ　⑧ク　⑨カ　⑩エ

⑪ア　⑫イ　⑬ア　⑭オ　⑮カ

⑯ア　⑰ウ　⑱イ　⑲カ　⑳ウ

㉑ウ　㉒オ　㉓ア　㉔エ　㉕ウ

㉖イ　㉗イ　㉘ア　㉙イ　㉚ケ

2

A エ　B イ　C エ　D ア　E オ

F ウ　G エ　H イ　I オ　J ウ

㉘ 体言・用言　89ページ

1
①イ・ア・ウ・ウ・ア・ア・オ
②ウ・ア・ア
③エ・エ・エ・ア
④ウ・ア・エ
⑤ア・エ・ア・オ

2
①清らかだ（形容動詞）・心地よい（形容詞）・すわる（動詞）・いる（動詞）
②得る（動詞）・よる（動詞）・大きい（形容詞）
③散る（動詞）・飛ぶ（動詞）・めずらしい（形容詞）

3
①あげる　②鳴らす　③集める　④育つ　⑤浮かべる
⑥曲がる　⑦切れる　⑧変わる　⑨絶やす　⑩逃がす
⑪決まる　⑫静める　⑬向く　⑭落とす

㉙ 連体詞・副詞　94ページ

1
①こんな（調子）・あらゆる（活動）
②ばかげた（夢）

③わが（中学校）・いろんな（設備）
④その（村）・いわゆる（意地悪ばあさん）
⑤この（事件）・どの（点）・おかしな（事件）
⑥きたる（五月六日）
⑦いかなる（困難）・わが（国）

2
①もう（できません）・にこにこ（笑う）
②最も（大きな）
③もちろん（聞いたが）・あまり（いかなかった）
④もし（来ても）・のろのろ（来ても）
⑤わあわあと（いう）・じっと（うなだれて）

3
①ア　②イ　③ア

㉚ 接続詞・感動詞

98ページ

1
A オ　B エ　C ア

2
①イ　②イ　③ア

3
①イ　②ア

㉛ 助動詞

100ページ

1 ①せる　②せれ　③させ　④させ　⑤させ・せ

2 ①ます　②たい　③せる　④られる　⑤ない
⑥ぬ　⑦た　⑧です　⑨だ　⑩ようだ

3 ①なかっ
②ぬ・ない
③ん
④ね・ぬ

4 ①ア　②エ　③ウ　④ア　⑤イ
⑥ウ　⑦エ　⑧イ　⑨ア　⑩ア
⑪エ　⑫エ　⑬ウ

5 ①ア　②ア　③イ　④イ　⑤ア
⑥イ　⑦イ　⑧ア　⑨ア　⑩イ
⑪イ　⑫ア

6 ①ア　②ア　③イ　④イ　⑤イ
⑥ア　⑦ア　⑧イ　⑨イ　⑩ア

7 イ・オ・カ

㉜ 助詞

108ページ

1 ①イ　②ア　③エ　④ウ

2 ①ウ　②エ　③ア

3 ①ウ　②ウ　③エ　④イ　⑤ア

4 ①ウ　②ア　③イ　④イ　⑤イ

5 Aでも
Bさえ
Cだけ
Dこそ

6 ア：①でも　②せん
イ：③だら　④した　（①②と③④の組は順不同）

第4章　説明的文章

㉝ 説明的文章（1）

116ページ

1

○意味段落《だんらく》分け

【問　い】どうすれば詩句の美しさが生まれるのか？　1

【根拠《こんきょ》1】役目を果たしているものは美しい　2

【根拠2】もう一度生かされるものは美しい　3・4

【根拠3】自然と共存するあり方は美しい　5

【答　え】ことばを生かして使う心をもとう　6

○解答

問一　ア　3　イ　1　ウ　4

問二　ウ・オ

問三　あ　エ　い　イ

問四　ウ　解説「水も水晶の玉となる」は比喩《ひゆ》（もののたとえ）ですから、まずイを外します。この言葉によって何がたとえられているのかを考えると、[う]の直後「なんでもない平凡《へいぼん》なものからも、その価値《かち》をさぐり、そのものの生かし方を発見する」が解答の根拠となるので、ほぼ同義《どうぎ》のウを選びます。アは「手先が器用だから」が余計《よけい》です。エの「高価」は「値段《ねだん》が高い」という意味ですが、ここでの「価値《かち》」が美しさを意味しているのは明らかですよね。

問五 **②ウ** **③カ** 解説 [4]段落冒頭《ぼうとう》に「心のやさしい人は、人の気づかないところから美をつくりだしています」とあり、傍線《ぼうせん》部③はその一例でしょうから、カ「ささやかなもの」に「良さを認《みと》めて生かす人」がぴったりでしょう。イは[2]段落における筆者自身の立場でしょうが、ただ「区別」しただけでは不足なので不適《ふてき》。オは「新しいもの」が不適。

傍線部②はその逆《ぎゃく》で、「大きな目だつ花だけをえらびだして」、「人の気づかないところ」は気づかず、「ささやかなもの」は捨《す》ててしまうわけですから、それはつまり、ウ「目に見える美しいものだけを美しいと簡単《かんたん》にわりきってしまう」ということでしょう。アは[4]段落冒頭に「日常生活でも」とありますから不適。エは「自分の美」が不適。

問六 **自然と共存する** 解説 傍線部Aの直前に「ほかの動植物と共存する精神」とあり、ここが解答の手がかりとなります。似《に》たような記述《きじゅつ》を[5]段落から探《さが》せばよいでしょう。

問七 **(1)人間社会だけ優先の世の中にしてしまった**

(2)a ウ　b カ　c エ　d ア　e ケ　f シ

g イ(キ)　h キ(イ)　i サ　j ク

(3)①美しさ　②ふさわしい　③やさしさ　④役にたつ　⑤使命(役目)

2

○意味段落《だんらく》分け

【問　い】（二十世紀とはどんな時代であり、これから私たちはどうするべきか。）

【答　え】①二十世紀は科学技術が社会を変えた「科学の世紀」であった　1

②だから私たちは科学・技術・社会の関係を把握せねばならない　2

【根《こん》　拠《きょ》】原子力のように遺伝子操作もどんどん生活の中に入り込むだろう　3

○解答

問一　（例）科学が技術を通じて社会と強く結びつくようになった時代。

問二　（例）一般の人々が原子力の原理や威力を知らず、選んだわけでもないのに、核と向き合って暮らしていること。

問三　（例）科学・技術・社会が結びつく時代だからこそ、私たちは科学技術が社会に及ぼす影響（効果）を把握せねばならない。（考えねばならない。）

（例）科学が技術を通じて社会を大きく変える時代を生きる私たちは、三者の関係をしっかり把握する必要がある。

1

○意味段落《だんらく》分け

【問　い】（いま日本語全体はどうなっているのか？）
【導《どう》入《にゅう》】日本人は日本語全体については無関心である 1
【答　え】①早口と大声の増加《ぞうか》（特に女性）2 ／ ②男女差の縮小《しゅくしょう》、口語体の拡大《かくだい》 3
③アルファベットの組み合わせと外国語の増加 4・5
【結《けつ》論《ろん》】現代の日本語はファジーで人間的な言語である 6

○解答

問一 ウ
問二 話し方
問三 安→案
問四 イ
問五 オ

解説 4段落から、カタカナ語、外来語は「日本語である」という見方が強まってきた一方、5段落から、アルファベットや外国語は「急増」しているけれども「反発らしいものがない」状態《じょうたい》にとどまっていることがわかります。後者はまだ「日本語である」というほど、なじみのある状態ではないですね。

問六　イ　解説 アは「より良いことばをめざして」が不適《ふてき》。ウは「場所が変われば」がおかしいですね。エは「伝統や常識に左右されず」が余計《よけい》。オは「同じ人間が話すもの」が課題文と無関係の内容になっています。したがってイが正解。

第5章　随筆

㉟ 随筆（1）

142ページ

1

○意味段落《だんらく》分け

【体験1】父に肩車をしてもらった、幼《おさな》いころの記憶《きおく》　1～3

【印《いん》　象《しょう》】幼いころのありふれた断片《だんぺん》が、成長するほど確《たし》かなものになる　4・5

【体験2】肩車の時代、巨人の時代の終わり　6

○解答

問一　ア　わたし　イ　父　ウ　わたし

問二　（例）子どもの自分は小さいが、肩車の上の自分は誰よりも背が高いから。

問三　（例）広々とした花園がきれいだ。

問四　ア　解説「手を伸ばせば、その静けさがつかめそうだった。」とあります。つまり、手でつかめそうなくらい、ちっぽけな「静けさ」がそこにあるようだった、という、子どもにしかもちえない感覚ですね。文字通り何かを手でつかんだわけではないですから、イは不適《ふてき》。つかんだのは、もちろん、空気でしかなかったでしょう。ウは課題文とは無関係の内容になっています。

問五　静けさ　解説「幼いわたしに、例えば屋根の上に広がっていた静けさが、ほんとうに［　］としてわかったのだろうか。そうは思えない。それでいて、わたしの手のひらには、（略）静けさの感触が、今もあざやかに残っている。」とありますので、この「静けさ」は、筆者にとって他の何物にも置きかえられない「とても大切なことば」であることがわかります。したがって、「静けさが、ほんとうに静けさとしてわかったのだろうか」と、「静けさ」の感触を自分で確かめ直すように、「静けさ」という言葉を繰《く》り返すのが正解となります。答えが合っていたかより、なるほどそれが正解なのか！という感動を味わってほしいです。

問六　③ウ　④イ

問七　ありふれたなんでもない日々の出来事が、思わず語り出すようなことばを、どのように聴きとったか、ということ。

問八　ア・イ

2

○意味段落《だんらく》分け

【体　験】ソビエトの人は「アボシカ」を持って出かけた　1〜4

【印《いん》　象《しょう》】便利な暮らしをしている私たちは、大切なものをしまえる、心の買い物袋を持っているだろうか　5〜12

○解答

問一（例）自分の欲しいものが売りに出されている時。 解説 1段落に、ソビエトの人が買い物袋を持ち歩いたのは、「いつなんどき、自分の欲しいものが売りに出されるか分からないから」とありますので、ここから字数に合うように解答を作成します。

問二（例）「もしかしたら」を意味する買い物袋が、「もしかしたら」と期待する買い物の行列で、役に立つ点。

問三（例）買い物袋も必要なく、いつでもどこでも欲しいものが手に入る、日本の便利な暮らし。 解説 傍線《ぼうせん》部の直前、6段落の「たとえ出先で何かを急に買ったとしても……その必要性もないのである。」を解答の根拠《こんきょ》とします。「いつでもどこでも手に入る」という記述《きじゅつ》は課題文中にはありませんが、「出先で何かを急に買」うことが可能である状況が、そもそもソビエト時代のロシアとは大きく食いちがっていますので、このように書いておけばいいでしょう。

問四　(例) 大切なものにはいつどこで出会えるかわからないので、いつも自分の心で感じ頭で考え、それを自分の糧にしたいという思い。

㊱ 随筆（2）

156ページ

1

○意味段落《だんらく》分け

【体験1】夏の野辺山駅で、暑く感じた私と、すずしいと感じた若い女性たち　1～7

【体験2】風を拒否《きょひ》するような今の私たちのくらし方　8～14

【印《いん》象《しょう》】風という自然の大切さ　15～17

○解答

問一　エ　解説　筆者はこの日まで「山のすずしい気候にからだがなれていたので」、駅周辺の気候をむしろ「暑く感じていた」わけですから、若い女性たちの「すずしい」という叫びは「おどろく」ようなことだったはずです。

問二　(例) 同じ時、同じ場所の気候を、一方はすずしいといい、もう一方は暑いという。しかし、それはどちらも決してまちがっているわけではなく、正しく自分の感じをのべていると思ったから。　解説　5段落に「それが私に、おかしかったのだ。」と書いてあります。

問三　A　エ　D　オ

問四　③④①⑥(⑤)⑦(②)

問五　ロ

問六　**風という自然**　解説　10段落から。

問七　**9**　解説　何が「風のおかげ」なのか？「暑さはたいてい不快ではな」いのが「風のおかげ」だということですよね。

問八　**1**　**そよぐ（ゆれている）**　**2**　**自然**　解説　植物についてのべられている、16・17段落から。

第6章　物語

㊲ 物語（1）

166ページ

1

○**意味段落《だんらく》分け**

【発《ほっ》端《たん》】本田とのけんかに負けて帰宅したが、母に外に突き出されてしまった私　1～5

【展開《てんかい》1】超能力を夢想して、元気を出して本田の家に向かう私　6～8

【展開2】本田の家が近づくにつれ、けんかしたくなくなった私　9～11

【山《やま》場《ば》】本田に出会い、本田に謝《あやま》られた私　12～16

【結　末】帰宅して、大人になった気がした私　17〜18

○解答

問一　A　ウ　B　オ　C　イ　D　エ

問二　a　エ　b　ウ　c　ア

問三　ア　憎　イ　理由　ウ　闘志　エ　勝　オ　本田　カ　気

問四　（例）二本の指で首筋をつかんでぶら下げ、完全に相手にあやまらせてしまうような能力。

問五　イ　解説　傍線《ぼうせん》部の直前の8段落に、「考えているうちに、本当にそういうことができるような気がしてきた。」とありますので、「空想」がいちばんしっくりきますね。

問六　ア

問七　頭をたてに動かした　解説　2段落から。

問八　ウ　解説　本田と和解《わかい》することができたのですから、アとエは外します。イは課題文の内容そのままですが、ただ、本田と和解したことによって、なぜ私は「大人になった気がした」のか、という説明が不足しています。それは、自分ひとりで問題を解決できたからでしょう。よって、ウを選びます。

問九　（例）自分の意に染まぬ子を許さぬ、あばれん坊の中山に命じられて、本田が転校生の私に竹刀のつばを投げたこと。

㊳ 物語（2）

180ページ

1

○意味段落《だんらく》分け

【発《ほっ》端《たん》】長ぐつをねだった夏子、買うと約束してくれたおかあさん　1～5

【展《てん》開《かい》】出かけたものの、苦労して夏子たちを育てているおかあさんに、うそをいったことを後悔《こうかい》する夏子　6～10

○解答

問一　（例）夏子と大吉にセーターを編んでくれたこと。

問二　（例）長ぐつのない子がほかにもたくさんいると言えば買ってもらえないだろうし、自分だけが持っていないと言えば、それがうそだとお母さんにすぐわかるだろう。どう言えばお母さんが長ぐつを買ってくれるだろうかと考えた。

問三　（例）もうひとりの子が長ぐつを買うまで、いっしょにがまんすること。

問四　イ　解説 直前に「おかあさんの目が光っているのをみると、」とあります。おかあさんを泣かせるくらい苦しめてしまったことに、夏子は気がついたのですね。

問五　ア　解説 10段落に、夏子の心情がくわしく書かれています。

問六　（例）学校から帰ってきてほんとうのことを言っても間に合うから。　解説 傍《ぼう》線《せん》部の直前に「……長ぐつがなかなか買えないことはとっくにわかっていました。しかも夏にむかっては、おかあさんの仕事も不景気なのです。それを知っていながら、うそをいったのです。夏子の心はだんだんめいってきました。」とあります。なぜうそまでついて、おかあさんを苦しめるようなおねだりをしてしまったんだろう、と、夏子の心は後悔でいっぱいです。おかあさんにあやまって「やっぱり長ぐつなんかいらない」と切り出すチャンスがほしいところでしょうね。

問七　エ

2

○意味段落《だんらく》分け

【発《ほっ》端《たん》】友だちに会いませんようにと念じながら停車場へ歩く吾一　1・2

【山《やま》場《ば》】次野先生のはげましが、しみじみと胸にひびく吾一　3〜6

○解答

問一　（例）中学に行けず、前かけをしめて働く姿を友だちに見られるのがはずかしい気持ち。

解説　傍線《ぼうせん》部の直前に「中学に行くと言っていたのに……身を切られるような思いだった。」とあります。ここがそのまま解答になります。「身を切られるような思い」をわかりやすく言いかえましょう。

問二　（例）感情がこみあげて、なみだが出そうになっていること。

問三　（例）店の仕事がつらく、吾一が悲しい気持ちで働いていること。

（例）本当は進学したかった吾一が、店の仕事をつらく感じていること。 解説 直後に「つらくっても……いかんよ。」とありますので、泣《な》きそうになっている吾一の表情から、次野先生が、仕事をつらく感じている吾一の気持ちを察したことがわかります。

問四　（例）勉強を続けたい自分の気持ちをわかってくれている次野先生のことばだからこそ、はげまされる気持ち。 解説 「一番大事なことは……からだを大切にしてな。」というアドバイスは、言葉としてはありふれたもので、店の主人が言うとこれはただの説教でしょうけれども、次野先生は「おまえにも勉強させてやりたいと思ったのだけれど、うまくいかなくって、残念だった。」と前置きしたうえで、この言葉をくれたのですね。尊敬《そんけい》する先生が別れ際《ぎわ》にくれた、思いやりのある言葉だからこそ、吾一の心にひびいたのでしょう。

第7章　詩

㊴ 詩

196ページ

1

問一　はげまし手

問二　イ

問三　（例）力をこめて、車イスで小さな坂をのぼっている様子。

問四　ア　またげば一歩　イ　試練の峠

問五　イ　解説　直前の「あそこまで行きます」という力強い発言や、第七連の「勝利の峠」を解答の根拠《こんきょ》とします。毎日毎日の小さな「試練」と「勝利」を描《えが》いた詩だと言えますね。

2

問一　エ

問二　エ

問三　（例）木が枝を広げ、根を地中にのばし、成長している様子。

問四　A　愛　B　正義

問五　若

問六　ウ　解説　アは、「人間とちがって言葉もしゃべらず、動くこともない」とありますが、これが表面的な観察にすぎないことが、詩の中で述《の》べられていました。イは、「人間の目からは、木はどれもこれも同じように見えてしまう」に当たる内容が、詩の中に見当たりません。エは、この詩とは無関係な内容になっています。ウは、詩人が「大好き」としている木の特長をとらえた表現になっています。

3

問一　3・5

問二　日常の時間の中のひとふし

問三　イ　解説 解説文の3段落《だんらく》の最後に「そんなささいなことが、静かな不意打ちとなって、詩人の魂を訪れる」とありますから、ここを解答の根拠《こんきょ》とします。朝陽、野菜を切る音、オルガンの音のように、日常のささいなことが、外から不意にやってきて、詩的な感動（ポエジー）をもたらしてくれる、ということですね。ここでの「不意打ち」とは、「急に詩を読んでみたくなる」という意味ではありませんので、アは不適《ふてき》。ウは「不思議な出来事」が「ささいなこと」と食いちがうので不適。エは「いつもの変わらない生活よりも、空想的でもいいから、」が、「日常の暮らしの中」と食いちがうので不適。「ふだんの生活」の中の感動に言及《げんきゅう》しているイを選びます。

問四　ぼくはささいなことが好きだ。

問五　エ　解説 アは「ともに生きること」がこの詩とは無関係ですし、「悲しみ」も食いちがいます。イは「はかなさ」が食いちがいます。ウは「大切さ」と書くと、まるで「朝の目覚めが健康にとって大切」とか「挨拶は社会生活をいとなむ上で大切」とかいう意味に受けとれるため、詩や解説文の趣旨《しゅし》と食いちがいます。それに、目覚めや挨拶は、ここでは一例にすぎません。したがって、「ささいなこと」に言及《げんきゅう》している工を選択《せんたく》します。

第8章　戯曲

㊵ 戯曲

212ページ

1

問一　1　イ　2　ア　解説　[1]は、司教の発言に驚《おどろ》き、ジャンは言葉を失っているのでしょうね。[2]は、権威《けんい》ある司教のひとこと（といっても、うそなのですが）のおかげであっけなく解放《かいほう》されたことに対して、すぐには信じられず、ぼうぜんとしているのではないでしょうか。十九年の刑期《けいき》を終えたジャンが、ふたたび牢屋《ろうや》にもどることになりかねず、絶望《ぜつぼう》的な気持ちになっていたことを想像《そうぞう》しましょう。

問二　一晩　～　のだ

問三　ア　解説　警部の最後のセリフのあとに「と、ジャンのほうをじろりと見ながら、」とありますので、警部が疑《うたが》いを残したままこの場を去ったことがわかります。

問四　こんどおいでになるときには（いらっしゃるときには／お見えになるときには／おこしになるときには／来られるときには）

問五　ように　解説　「まるで」とありますので、後に「ように」をともないます。

ワンコイン問題集シリーズ

小5国語問題集

令和五年三月一日　初版刊行

著　者　大岡　淳
発行者　原　精一
東京都江東区亀戸八-二五-一二
発行所　株式会社　日栄社
〒一三六-〇〇七一　東京都江東区亀戸八-二五-一二
電話　〇三-六八〇七-〇八〇一（代）
ホームページ　https://www.nichieisha.com/
印刷所　三省堂印刷株式会社
カバーイラスト　二平瑞樹
ブックデザイン　木村祐一（ゼロメガ）
DTP　ゼロメガ
ISBN978-4-8168-5512-2　Printed in Japan
本シリーズの電子書籍版「ツーコイン電子参考書・問題集シリーズ」の制作にあたっては
令和二年度事業再構築補助金の交付を受けました。